JN262058

英語の法助動詞

開拓社
言語・文化選書
49

英語の法助動詞

中野清治 著

開拓社

は　し　が　き

　明治・大正期に，我が国は怪物のような英学者を数多く輩出した。そのひとり齋藤秀三郎 (1866-1929) は，来る日も来る日も胡坐をかいたまま座りづめで執筆活動に専念し，遂には piles を発症し，64歳で生涯を閉じるまでその病に苦しんだ。彼の手になる著作は，会話・作文・綴りと音声，文法（多種），リーディング教科書数種類，副読本シリーズ，翻訳，辞書など，優に200冊を超える。なかでも，英語で書かれた *Practical English Grammar*（『実用英文典』）は日本の英学界に浸透し，学校英文法の内容と形式を決定したと言われている（大村喜吉著『斎藤秀三郎伝――その生涯と業績』；同書の表紙・奥付には「斎藤」，扉には「齋藤」と記されている。本書は後者で表記する）。

　その齋藤が，文法項目の中でもっとも面白いのは助動詞と冠詞である，と文部省の講習会で語っている（同書，231頁）。文法に関心を持つ者であれば，この言葉に全面的に同意できるであろう。とりわけ法助動詞は奥が深いのである。その何よりの証拠は，法助動詞に特化した研究書の多いことに現れている。また，法助動詞研究の先がけとなった研究者の証言がある。いわく，「これら法助動詞の用法の説明が困難であるのは，その意味が論理的な要素と実際的な（言い換えれば語用論的な）要素の両方を含んでいるからである」と (Leech (1971: §112))。例えば，次のような簡単な文にさえ，少なくとも3通りの読みがある。

　　　He said she might come. (→ 6.1.2.1)

　筆者も法助動詞の奥深さに惹かれて筆を執ることになったのであるが，本書の執筆を促す原因となったものがもう一つある。前著『学校英文法プラス』（開拓社）において，法助動詞に軽く触れた際，

紙幅のないことを理由に，詳細は辞書や文法辞典・文法書にゆだねると言って済ませたことが気に懸っていたのである。幸いにして，同じ出版社の厚意により，物足りない思いをさせた読者には幾ばくか満足してもらい，筆者の心の重荷も降ろせる機会を得ることができた。

　先に法助動詞は奥深いと述べた。理由は，全般に共通する特徴であるその曖昧さにある。二つの用法（R／P用法）のうちどの用法かを判別するのが困難なものがある。また同じ用法でありながら複数の意味解釈を許すものがある。相表現と共起すると，命題内の出来事の生じる時期が発話時の前か後かで解釈が異なり，過去形法助動詞の場合は特に複雑で，〈could have 〜en〉の形式では，少なくとも7通りの意味用法が認められる。

　このような法助動詞について，本書ではまず，その統語的特徴や意味用法について概括的に説明し，その後に個々の法助動詞・疑似法助動詞について検討した。文法書は辞書と同じく例文が命であるから，内外の辞書・参考文献から可能なかぎり多くの用例を集めてこれを精選し，用法と意味の実態を明らかにするよう努めた。

　本書での用例や解説は簡潔明瞭であることを目指したが，事はそう簡単ではない。多義を特色とする法助動詞は，繰り返しになるが，どの意味・用法かを特定できない曖昧なケースが生じやすい。それらの現象を見逃さないように目配りすることは，容易なことではない。また，一つの項目に触れるとどこかほかの項目と関連することもあるので，比較するためにその項目に触れないわけにはいかない。そういうわけで，重複する記述があちこちで見られるかもしれない。ご理解をいただきたい。

2014年5月

　　　　　　　　　　　　　　　　　　　　　　　　　　　中野　清治

目　次

はしがき　*v*

第Ⅰ部
法助動詞・総論

第1章　**法助動詞の概観**
・・・・・・・・・・・・・・・・・・・・・・・・・・ *2*

1.1. 助動詞の種類　*2*
1.2. 法と動詞句構造　*2*
1.3. 法助動詞と二つの用法　*4*
　1.3.1. 法助動詞と疑似法助動詞
　　　　　　　　　　　　　　　4
　1.3.2. 法二つの用法の呼称　*5*
1.4. 法助動詞の特徴　*6*
　1.4.1. 非事実性と未来性　*6*
　1.4.2. 発話時と指示時　*7*
　1.4.3. 曖昧性　*8*
　1.4.4. 疑問文　*10*
　1.4.5. 否定文　*11*
　1.4.6. 受動態　*13*
1.5. 過去形法助動詞　*14*
1.6. 言外の意味　*15*
1.7. P用法：話者の確信度　*16*
1.8. P用法の否定文　*18*

第Ⅱ部
法助動詞・各論

第2章　**CAN**
・・・・・・・・・・・・・・・・・・・・・・・ *24*

2.1. R用法　*24*
　2.1.1. canの上位概念　*24*
　2.1.2. 可　能　*25*
　2.1.3. 可能性　*27*
　2.1.4. 容認・許可　*28*
　2.1.5. 申し出・指示・軽い命令
　　　　　　　　　　　　　　　31
　2.1.6. cannotの綴り　*33*
　2.1.7. 疑問文　*33*
2.2. P用法　*34*
　2.2.1. 可能性　*34*
　2.2.2. パラフレーズの問題　*35*
　2.2.3. 推　量　*37*
　2.2.4. 相表現との共起　*38*

第3章　**MAY**
・・・・・・・・・・・・・・・・・・・・・・・ *40*

3.1. R用法　*40*
　3.1.1. 許　可　*40*

vii

- 3.1.2. 許可か容認か　*43*
- 3.1.3. 可　能　*44*
- 3.1.4. R 用法（許可）か P 用法（可能性）か　*46*
- 3.1.5. 文法書に多用される may　*47*
- 3.1.6. 法否定と命題否定　*47*
- 3.2. P 用法　*48*
  - 3.2.1. 可能性・推量　*48*
  - 3.2.2. 疑問文・否定文　*49*
  - 3.2.3. 相表現との共起／出来事と発話時との関係　*50*
  - 3.2.4. 慣用表現　*51*

第 4 章　MUST
.... ***54***

- 4.1. R 用法　*54*
  - 4.1.1. 必　然　*55*
  - 4.1.2. 必要・義務・命令　*55*
  - 4.1.3. 固執・主張　*58*
  - 4.1.4. 相表現との共起　*59*
  - 4.1.5. must と have to　*60*
  - 4.1.6. 類似表現にみる R／P 用法の比較　*61*
- 4.2. P 用法　*62*
  - 4.2.1. 確信的推定・論理的必然性　*62*
  - 4.2.2. 状態動詞との共起　*64*
  - 4.2.3. ⟨be ～ing⟩ との共起　*65*
  - 4.2.4. ⟨have ～en⟩ との共起　*65*
  - 4.2.5. 否定文・疑問文　*66*

第 5 章　COULD
.... ***68***

- 5.1. R 用法　*68*
  - 5.1.1. 直説法の独立節もしくは主節の中で　*68*
  - 5.1.2. 直説法の文の従属節の中で　*74*
  - 5.1.3. 仮定法の用法　*76*
  - 5.1.4. could の解釈の曖昧性　*79*
- 5.2. P 用法　*80*
  - 5.2.1. 可能性　*80*
  - 5.2.2. 否定文における比較級との共起　*83*

第 6 章　MIGHT
.... ***85***

はじめに　*85*
- 6.1. R 用法　*86*
  - 6.1.1. 直説法の独立節で　*86*
  - 6.1.2. 直説法の文の従属節の中で　*87*
  - 6.1.3. 仮定法の用法　*88*
  - 6.1.4. 控えめ・丁寧・皮肉な表現として　*88*
  - 6.1.5. might を含む慣用句　*90*
- 6.2. P 用法　*92*
  - 6.2.1. 条件節を欠く場合　*92*
  - 6.2.2. 条件節と共に　*95*

第 7 章　SHOULD
.... ***97***

- 7.1. R 用法　*97*

- 7.1.1. 義務・当然 *97*
- 7.1.2. 直説法の文の従属節の中で *99*
- 7.1.3. 慣用表現 *100*
- 7.1.4. if 節と共起する主節の中で *101*
- 7.1.5. 曖昧な文 *102*
- 7.2. P 用法 *103*
  - 7.2.1. 指示時の違い *103*
  - 7.2.2. 〈should have 〜en〉の意味 *104*
- 7.3. should を要求する意味環境 *106*
  - 7.3.1. 驚き・意外・遺憾などを表す形容詞・名詞の後に続く that 節の中で *107*
  - 7.3.2. why, how, who などを用いた疑問文の中で *108*
  - 7.3.3. 道理・適切・必要などの意味を表す形容詞に続く that 節の中で *109*
  - 7.3.4. 命令・要求・提案・主張などを表す主節に続く that 節の中で *110*
- 7.4. 慣用表現 *111*
  - 7.4.1. I should think / I should have thought *111*
  - 7.4.2. I shouldn't be surprised if *112*
  - 7.4.3. I should like to / I should like to have 〜en *113*

第8章 **WOULD** ... ***114***

- 8.1. R 用法 *114*
  - 8.1.1. 意志・固執 *114*
  - 8.1.2. 描出話法 *118*
  - 8.1.3. 直説法の従属節の中で *119*
  - 8.1.4. 仮定法の用法 *119*
- 8.2. P 用法 *123*
  - 8.2.1. 推量・推測 *123*
  - 8.2.2. would と相表現との共起 *125*
  - 8.2.3. 仮定法の R／P 用法によるパラフレーズの違い *127*

第9章 **WILL** ... ***128***

- 9.1. R 用法 *128*
  - 9.1.1. 固執・主張 *129*
  - 9.1.2. 主語に本来備わっている能力 *129*
  - 9.1.3. 意志 *130*
  - 9.1.4. 習性・性向・傾向・現在の習慣 *133*
  - 9.1.5. 疑問文 *134*
  - 9.1.6. Will you 〜 …? と Will you be 〜ing …? との違い *135*
- 9.2. P 用法 *136*
  - 9.2.1. 未来標識として *137*
  - 9.2.2. ファジーな例 *138*
  - 9.2.3. 推測・推量 *139*

9.2.4. 予測可能性とは？ *144*

第10章　SHALL
.... ***146***

10.1. R用法 *146*
 10.1.1. 話者の決意 *147*
 10.1.2. 話者の意志・意図 *147*
 10.1.3. 疑問文 *148*
 10.1.4. 否定文 *150*
 10.1.5. 命　令 *150*
 10.1.6. 間接話法 *151*
 10.1.7. 慣用句 *152*
10.2. P用法 *153*
 10.2.1. 未　来 *153*
 10.2.2. 相表現との共起 *153*
 10.2.3. 従属節の中で *154*

第11章　NEED
.... ***156***

11.1. R用法 *156*
 11.1.1. 否定文・疑問文 *156*
 11.1.2. 時制の一致 *158*
 11.1.3. 〈needn't have ～en〉の意味 *158*
 11.1.4. need to / have to / must *160*
 11.1.5. 疑問文と応答文 *161*
 11.1.6. 否定を含意する文中で *162*
11.2. P用法 *163*
 11.2.1. 否定文 *163*
 11.2.2. 疑問文 *164*

第12章　DARE
.... ***165***

12.1. 否定文 *166*
12.2. 疑問文 *166*
12.3. 間接疑問文 *167*
12.4. 肯定文の例 *168*
12.5. 慣用表現 *168*
12.6. 助動詞と本動詞との中間的な性質の dare *169*

第III部
疑似法助動詞

第13章　OUGHT TO
.... ***172***

13.1. R用法 *172*
 13.1.1. 義務・勧告・提案 *172*
 13.1.2. 疑問文・付加疑問 *174*
 13.1.3. 時制の一致 *175*
 13.1.4. 相表現との共起 *175*
 13.1.5. 曖昧な文 *176*
13.2. P用法 *177*
 13.2.1. 論理的推量 *177*
 13.2.2. 否定文 *178*
 13.2.3. must との違い *179*

第14章　BE GOING TO
.... ***180***

14.1. R用法 *180*
 14.1.1. 主語の意図 *180*

14.1.2. 曖昧さ／ほかの語との共起／時制など *181*
14.1.3. 話者の意志 *183*
14.1.4. 非実現を暗示する過去形 *184*
14.1.5. will と be going to は交換が可能か *184*
14.2. P 用法 *186*
14.2.1. 話者の予測 *186*
14.2.2. be going to と will との意味上の比較 *188*
14.2.3. 相表現などとの共起 *189*

第15章　HAVE TO
……………………… ***191***

15.1. R 用法 *191*
15.1.1. 義務・必要 *191*
15.1.2. have to を本動詞とみなせる根拠 *192*
15.1.3. have got to との違い *193*
15.1.4. 疑問文・否定文 *195*
15.1.5. there 構文 *196*
15.2. P 用法 *196*
15.2.1. 推　論 *196*

第16章　HAD BETTER
……………………… ***198***

16.1. 忠告・警告・脅しなど *199*
16.2. 受動態 *200*
16.3. 否定文・疑問文 *200*
16.4. there 構文・相表現との共起 *201*

第17章　USED TO
……………………… ***203***

17.1. 一般的特徴 *203*
17.2. 副詞類との共起など *204*
17.3. 疑問文・否定文 *206*
17.4. 相表現との共起および他の統語上の事柄 *208*

第18章　BE ABLE TO
……………………… ***210***

18.1. 過去・現在・未来の「可能」 *210*
18.2. 〈be able to〉の非定形・共起関係など *212*
18.3. 命令文で *214*

引用・参考文献 ……………………………………… 215
索　　引 …………………………………………………… 221

第 I 部

法助動詞・総論

第 1 章

法助動詞の概観

1.1. 助動詞 (auxiliary verbs) の種類

現代英語では，助動詞は，lexical meaning（語としての意味）をもたず純粋に文法的機能を受けもつ第一助動詞と，本動詞に意志・義務・許可・必要などの意味付けをすると同時に，疑問文・否定文を作るときに do の支えを必要としない文法的機能をもつ第二助動詞とに分類される。第一助動詞には，①完了形をつくる tense auxiliary（時制助動詞）の have, ②受動態で用いられる voice auxiliary（態助動詞）の be, ③進行形で用いられる aspect auxiliary（相助詞）の be, ④疑問文や否定文に用いられる periphrastic auxiliary（迂言的助動詞）の do がある。[1] 第二助動詞は，以下で説明する法助動詞 (modal auxiliaries, modals) のことである。

1.2. 法と動詞句構造

法助動詞の「法」とは mood（叙法），つまり，叙述内容を話者がどう捉えているかを示す動詞の形態のことであって，文法的な観点からの呼称である。話者が発話内容を事実だと思っていれば「直説

---

[1] 以上の分類と用語は Declerck (1991: §1.9) による。

法（叙実法）」(indicative) を用いる。それに対し，発話内容が自分の考え，つまり，事実に反すると思っていること，発話内容に気後れ・疑念を感じていること，また必然性・可能性などの想念であることを明示的に示したければ，「仮定法（叙想法）」(subjunctive) を用いる。[2] 話者のそのような心的態度を表すのに有効なのが法助動詞である。聞き手に直接指示を与えたいのであれば，「命令法」(imperative) を用いる。英語には以上の三つの法がある。「法性」(modality) はそれらの法の，意味論的な立場からの呼称と考えてよい。法と法性の関係は，文法上での呼称である tense（時制）と意味論的な time（時間）との関係に似ている。

文法を，「語をあるべき位置において，それが持つ意味と機能をじゅうぶんに発揮させる決まり」であるとすると，上述の第一助動詞と第二助動詞（法助動詞）が共起する場合，それぞれ文中のどの位置があるべき位置なのかが問題になる。一般に動詞句（VP）を構成する成分（component）とその配列は，次のように決まった順序がある。

(1)　VP → M 〈have 〜en〉〈be 〜ing〉〈be 〜en〉V
　a.　By the beginning of next month the play *will have been running* for two years.　　　　　　　　　　　　　　　　（井上）
　　　（来月の初めでこの劇は 2 年間上演し続けていることになる）
　b.　The railway strike *will have been being carried* on ten days by the end of this month.　　　　　　　　　　　（西尾）
　　　（鉄道ストは月末までやると 10 日間続いたことになる）

上述のとおり，すべての文は「法」を有するので，M（= mood）は必須である。（　）は随意要素を表しており，その使用は義務的ではないことを示す。上の表記では時制（tense）が表されていない

---

[2] subjunctive の訳語としては「叙想法」のほうが相応しいように思えるが，本書では従来の呼び方である「仮定法」を用いることにする。

が，英語では時制がVPの最初の要素に位置づけられることを考えれば，Mの陰に隠れているといえる。Mは実際にはTとMとの合成記号（M̃）で表記すべきものである。なお，英語にはアスペクトを表す動詞の屈折変化がないし，助動詞によってアスペクトを表す分析的手段もないので，厳密にいえば grammatical aspect というものはないという学者もいるが (Huddleston (1988: 73))，〈have 〜en〉を完了相（perfective aspect），〈be 〜ing〉を進行［継続］相（progressive aspect）とみなして何ら不都合はなく，むしろ表現の細やかなニュアンスの説明に有用な概念であるので，本書では相表現という言い方で随時用いることにする。

1.3. 法助動詞と二つの用法

1.3.1. 法助動詞と疑似法助動詞

何を法助動詞 (modal auxiliaries, modals) として認めるかは人によって異なる。本書では，準助動詞とされる dare, need を含め，will, shall, can, may, must, would, could, should, might を法助動詞とし，ought to, be going to, have to, had better, used to, be able to を疑似法助動詞 (quasi-modals)[3] として，それぞれ別の章を充て，その意味・用法について詳細に検討する。本書が法助動詞を扱うことは自明であり，誤解を招く恐れがないと思われる場合には，単に助動詞という用語を用いることがある。

ほとんどの法助動詞には二つの用法があることを指摘しておくのがよいと思われる。一つは，主語の行為・状態を表す本動詞 (main verb) に，助動詞の本義と思われる可能・義務・許可・必要・意図などの意味付けをする根源的用法 (root use)[4] である。これは，主

---

[3] 迂言的法助動詞 (periphrastic modals) と呼ばれることがある。
[4] 一般的には義務的用法 (deontic use) と呼ばれる。deontic = what should be. cf. epistemic = what may be.

に主語の叙述に関わるので主語指向的である。もう一つは，伝えたい内容の正しさに対する話者の確信の度合い——別の視点からいえば，叙述内容である命題（proposition）が実現する可能性についての話者の判断——を表す認識様態的用法（epistemic use）である。これは命題指向的といえる。本書は紙面を節約するために，前者を「R用法」，後者を 'use for reflecting the speaker's judgment of the likelihood of the proposition'（命題の蓋然性に対する話者の判断を表す用法），あるいは短くして '命題の蓋然性査定用法'，略して「P用法」と呼ぶことにする。[5] 二つの用法を例文によって示す。

(2) a. He *must* go home.
   （彼は家に帰らなければならない）
   [R用法：義務（= *It is* obligatory *for* him *to* go home.）]
  b. He *must* be at home.
   （彼は在宅しているに違いない）
   [P用法：強い確信（= *It is* certain *that* he is at home.）]

1.3.2. 二つの用法の呼称

法助動詞の用法を大きく二つに分けることは，わが国では，齋藤秀三郎が早くも大正4年に刊行された『熟語本位英和中辞典』の中で，「第1の意味」，「第2の意味」という表現で区別している。その慧眼に驚きを禁じ得ない。Close (1975: §14.1) は Primary uses（1次用法），Secondary uses（2次用法）という用語を用いて区別しており，中島 (1980) は「人称的（personal）用法」，「非人称的（impersonal）用法」という呼称で区別している。それぞれ上記のR用法，P用法に対応している。文法用語は言語の意味・機能についてできるだけ実体を表すものが望ましいので，本書は上に提案した二

---

[5] proposition とは 'a statement that expresses a concept that can be true or false'（真にも偽にも解せるような考えを伝える表現）(ODE) のこと。

つの用語 (R／P 用法) を用いることにする。

　どの言語でも同様であるが，言語経済の見地からして，英語にも省略表現が多い。一つの例として，be 動詞を含む省略の場合を取り上げてみる。

(3) a.　John *must* be tall and Mary *must be*, too.
　　　　（ジョンは背が高いに違いないし，メアリーもそうに違いない）
　　　　［P 用法の意味しかない］
　　b.　*John *must* be tall and Mary *must*, too.
　　　　［「に違いない」の解釈のためには be を省略することはできない］
(4)　Bill *must* be polite to his parents, and you *must be*, too.
　　a.　ビルは両親に思いやりを示しているに違いないし，君もそうに違いない。［P 用法］
　　b.　ビルは両親に思いやりを示さなければならないし，君もそうだ。［R 用法］
(5)　Bill *must* be polite to his parents, and you *must*, too.
　　　（ビルは両親に思いやりを示さなければならないし，君もそうだ）
　　　［R 用法］　　　　　　　　　　　　（以上，浅川・鎌田 (1986)）

(5) のように be が省略できるのは，動詞句によって表される行為・状態を，主語が自分の意志でコントロールできるようなものに限られる。それに対し，背の高さは自分で制御することは不可能なので，(3b) は解釈上矛盾が生じて非文法になる。同一の助動詞が，意味の違いによって統語的に異なった振る舞いをすることからみても，R／P 二つの用法を区別することは妥当といえる。

1.4. 法助動詞の特徴

1.4.1. 非事実性と未来性

　R 用法の場合，義務・許可・必要・意図などを表す法助動詞は，基本的に非事実的 (nonfactual) であるといえる。P 用法において

も，命題の成立についての確信に満ちた推定（must）からためらいがちな推量（might, could）に至るまで，さまざまなレベルの可能性を意味するが，断言を避けるという話者の態度から，発話の内容の非事実性が見てとれる。関連して，ほとんどの法助動詞は発話内容が実現するのは未来であることを暗示する。can, may, must などの現在形は現在時を表すのは当然であるが，上記の非事実性に加えて未来時を表すことができる。

(6) a. We *must* talk about it *now* [*tomorrow*].
（それについては今[明日]話し合わなければならない）［現在および未来；副詞がなければ話し合う必要性についての一般論を述べていることになる］
 b. You *can* leave *now* [*next week*].
（もう[来週]出発してよい）［現在および未来］
 c. You *should* do it *now* [*tomorrow*].
（それは今[明日]すべきだ）［以上の例はすべて非事実，つまり話者の頭の中の出来事である］
(7) You *should have done* it yesterday.
（それは昨日すべきだったのに）［過去は一般に事実を表すものであるが，本例のようなノニ用法（後述するが［過去形助動詞 + have ～en］で表す）においても非事実を表す］
(8) a. Be silent!（黙れ！）
 b. *Must be silent!
［命令文に用いられないことも法助動詞の非事実性を物語る］

1.4.2. 発話時と指示時

法助動詞が P 用法の場合は，過去形（9c）であっても，命題に対する話者の判断は発話時（＝現在）のものである。命題が過去に関わるものであることを明示的に示す言語手段は，(1) で示した相表現の一つ，〈have ～en〉である。これは，判断そのものが過去にな

された場合の表現（9b）と区別しなければならない。次の文を比較してみよう。

(9) a. He *may miss* the train.
   （彼は列車に乗り遅れるかもしれない）
 b. I *thought* he *might* miss the train.
   （彼は列車に乗り遅れるかもしれないと私は思った）［時制の一致：次の (c) と比較せよ］
 c. He *might* [*may*] *have missed* the train.
   （彼は列車に乗り遅れたのかもしれない）
(10) a. He *may have been* reading yesterday.
   （彼は昨日読んでいたかもしれない）［過去読み］
 b. He *may have been* reading since lunchtime.
   （昼食時以来ずっと読んでいたかもしれない）［現在完了読み］

(9c), (10a) のように，法助動詞の後に〈have 〜en〉を続けると，発話に含まれる出来事・状態を過去のこととして位置付けることができる。(10) にみるように，〈have 〜en〉は「過去読み」と「完了読み」の二つが可能である。(9c) の発話時は現在であり，これを ST (speech time) と呼び，発話内容が実現する／した「時」を RT (reference time) と呼ぶことにする。(9a) の RT は未来であり，(9c) の ST は (might であっても) 現在，RT は過去である。今後，必要に応じてこれらの略語を用いる。

1.4.3. 曖昧性

Perkins (1983: 25) は "All the modals are clearly ambiguous." という。法助動詞は，その用法において fuzzy（R／P の区別がつかないという意味の曖昧）になること，また同一用法内でも意味において ambiguous（意味が両義）になることは，Perkins 以外の先行研究も認めている事柄である。同じ表現が異なった意味に解釈される一つの例として，次の文を見てみよう。

(11) John *must* be kind to his wife.
   a. ジョンは奥さんに親切に違いない。
      [P 用法（= It is certain that John is kind to ...）][6]
   b. ジョンは奥さんに親切でなければならない。
      [R 用法（= It is imperative for John to be kind to ... / John is required to be kind to ...）]

(11) の叙述内容である命題をかりに 〈John-be-kind to his wife〉 で表すと，(11a) は，その命題成立の度合い［可能性］に対する話者の査定（つまり，命題が成立するのは「必然」であるという判断）を表しており，それに対し (11b) のほうは，助動詞が命題内容の一部となって主語の「義務」を表している。本動詞に「義務」という意味付けを行った結果である。一般に，be 動詞は状態を表すが，*Be kind to others.* （他人には親切にせよ）に見られるように，述語が主語の意志によって動態（dynamic situation）を表す場合もある。つまり，R 用法で用いることができる。このことは，ふつう進行形では用いられない状態動詞が，She *is being* kind [polite].[7]（彼女は（いつもと違って）（いやに）親切に［上品に］振る舞っている）のような場合に可能であるのと同じ心理が，話者に働いているからであろう。

曖昧さは，上記二つの用法の間にのみ生じるのではない。

(12) Through him everyone who believes is justified from everything you *could* not be justified from by the law of Moses.　　　　　　　　　　　　(Acts 13:39, *NIV*)[8]

---

[6] パラフレーズで用いられている「=」は「≒ (is approximately equal to)」と読み替えていただきたい。「=」を用いない場合も同様である。

[7] この文の主語 she は agent（動作主）であるが，She is kind [polite]. の she は agent ではない。

[8] 引用した聖書の最新版 (2011) では次のように改訂されている。Through him everyone who believes is set free from every sin, a justification you were

a. 彼を通して，信じる者はみな，モーセの律法によってあなた方が赦されることのできなかったすべての罪から赦されている。[直説法過去（= it was impossible for you to be justified …）]
b. 彼を通して，信じる者はみな，モーセの律法によってあなた方がとても赦されるとは思えないすべての罪から赦されている。[過去仮定法[9]（= it would be impossible for you to be justified …）]

(12)は，過去形助動詞は直説法と仮定法の双方に生じることがあり，両義の文の意味を決定するのは文脈であることを示している。引用文は使徒パウロの言葉で，he はキリストのことであり，you（あなたがた）は彼が語りかけていたユダヤ人とその父祖たち（イスラエル人）が含められている。律法下では，罪の許しのため動物が犠牲にされたが，それはキリストが受けなければならなかった犠牲の死の予徴（type）であったという事情に通じていれば（= 文脈を理解していれば），(12b)の解釈は間違いであることが理解できるはずである（事実は直説法でしか表せない）。今なお多くの英訳聖書が，(12)のような曖昧な（= 両義の）表現になっている。

(13) He said she *might* come.
     [補文が3通りに曖昧；6.1.2.1節を参照]

1.4.4. 疑問文

これらの助動詞が疑問文で用いられると，質問の焦点は法性（つ

---

not able to obtain under the law of Moses. なお，本書で聖書から引用する場合，特別の断りがないときは，*New International Version* (1983)（*NIV* と略記）からのものである。

[9] 英語の実態からすれば，仮定法現在は「原形仮定法」と呼ぶのが相応しい。後者の呼称と整合させるため本書では，仮定法過去(完了)ではなく，「過去(完了)仮定法」という用語を用いる。

まり助動詞)に置かれ,単に情報を求める質問を超え,語用論的な意味や感情的な色彩を帯びることが多い。

(14) a. *Can* you pass me the salt?
   (塩を取ってもらえませんか)[R用法 (Is it possible for you to pass ...?);能力があるかどうかを尋ねているのではない]
   b. *Can* [**May*] the news be true?
   (知らせは本当のはずがあろうか)[P用法 (Is it possible that the news is true?);否定したい気持ち]
(15) *Need* Mary sing, too?
   (メアリーも歌う必要があるの?)[R用法 (Is it necessary for Mary to sing ...?);否定の答えを期待]
(16) a. *Must* you repeat everything I say?
   (私の言うことをいちいち繰り返さないと気が済まないのか?)
   [R用法 (Is it vital for you to repeat ...?)]
   b. *Mustn't* there be endless stories about the mansion?

   (Palmer (1979))

   (その大邸宅にはきっと尽きせぬ物語があるのではないか)
   [P用法 (Isn't it necessarily the case that there are ...?)]

法助動詞が話者の心的態度を表すといわれていることから察せられるとおり,疑問文で用いられるかどうかは,上記R／Pの用法の面から,また結びつく主語の人称の面から,制限があることは予想できる。可能性を表す can と may を疑問文で用いる場合,(14b) の may は不可である。話し手の主観的判断を表すとされる may (=I *think* it is perhaps possible that ...) が,その判断を自ら疑問視するという矛盾を露呈することになるからである。これら疑問文の問題も助動詞ごとに別個に扱う。

1.4.5. 否定文

否定文で用いられると,助動詞の種類また R／P 用法の違いによ

り，否定の焦点が単に助動詞であったり，否定の作用が命題に及ぶ場合もあったりして，パラフレーズの際に違いが生じる。

(17) a. He *can't* be serious.
 (彼が本気のはずはない) [It is *not* possible [that he is serious].；この can't は R 用法として，「彼は本気 [まじめ] になれない (It is impossible for him to be serious.)」の意味にもなる]
 b. He *may not* be serious.
 (彼は本気でないかもしれない) [It is possible [that he is *not* serious].；P 用法]
(18) a. You *may not* smoke in here.
 (この場所でタバコを吸うことは許しません) [I *don't* permit you [to smoke in here].；R 用法]
 b. You *mustn't* smoke in here.
 (この場所でタバコを吸ってはなりません) [I oblige you [*not* to smoke in here].；R 用法]
 c. You *can't* smoke in here.
 (この場所でタバコを吸うことはできません) [You are *not* permitted [to smoke in here].；R 用法]

「可能性」を表す (17b) の may は，assertive (断言的) なので法性を否定することはできず，否定するのは命題 (He-be-serious) のほうになる。また，(18a) は「不許可」，(18b) は「禁止」を表すとされており，禁止する権威の源が話し手にあることがパラフレーズから分かる。その両者に対し，(18c) には話し手の関与が感じられない (そのことはパラフレーズからも窺える)。(18c) は仕事・規則・習慣などの「外的規制が外されて許す／許さない」という客観的な響きがあり，can が「容認」の意味を持っていることを示している。(17a)，(18a, c) のような否定は外部否定 (external negation)，(17b)，(18b) のような否定は内部否定 (internal negation) と呼ばれている (Leech (1971: §132), Perkins (1983: §3.3.4))。外部・内部とは，

命題について言ったものである。ついでながら，代名詞が主語の場合，can't, mayn't, mustn't のような縮約形を用いる傾向がある。

1.4.6. 受動態

法助動詞が用いられている文の受動変形は可能である。ただし，受動変形によってできた文の意味が，もとの能動文と知的意味 (cognitive meaning) を異にすることがある。P 用法の場合は，助動詞の意味が主語に作用することはないので，そのような現象は起きない。生じるのは R 用法の場合である。主語の意志・能力・義務などを表す R 用法は主語指向的なので，態を変換して主語が変われば，その文の意味も変わってくるのは当然といえよう。R 用法で態の変換後に知的意味が変わる例 (19) と，変わらない例 (20) を示す。

(19) a. Ted *won't* kiss Meg.
(テッドはメグにキスをしようとしない)
b. Meg *won't be kissed* by Ted.
(メグはテッドのキスを受けようとしない)
(20) a. Policemen and judges *must* enforce the law rigorously.
(警察官および裁判官は法を厳格に施行しなければならない)
b. The law *must be enforced* rigorously by policemen and judges.
(法律は警察官および裁判官によって厳格に施行されなければならない)

［以上，R 用法］

(20) で知的意味が大きく変わらないのは，行為者 (agent) が特定的でないからである。いずれにしても，主語が異なれば thematic meaning（主題の意味）も変わるのであるから，情報の価値もいくらか違ってくるはずである。

1.5. 過去形法助動詞

　法助動詞はすべて，欠如動詞 (defective verb) と呼ばれるように，〜s 形，〜ing 形，過去分詞を持たない。[10] must, ought to には過去形がない。will, shall, may, can には過去形があるが，過去の意味で用いられるのは would, might, could だけで，それも用法に制約がある。これらの過去形は，現在形の用法を単に過去に平行移動して適用すればよいというものではない。確かに，時制の一致や描出話法の場合には，現在形の助動詞の意味に対応した用い方もあるが，ほとんどはそれ独自の意味と機能あるいは用法とを持っている。例えば話者が，現在自分は丁寧な表現や控えめな言い方をしているということを相手に知ってもらいたい場合，過去形法助動詞を用いる。これらは仮定法と深いつながりがある。以下は仮定法の延長線上にあるもので，語用論の問題でもある。

(21)　We *might* ask him to be chairman.
　　　(彼に議長になってくれるように頼んでみたらいかがでしょうか)
(22)　You *could* write and ask for more information. (以上，R 大)
　　　(詳しくは手紙でお問い合わせください) [if you would (お望みならば) が言外にある]
(23)　*Could* you ask him to ring me?
　　　(ぼくに電話をくれるよう彼に頼んでいただけませんか) [頼むことができましたか，ではない]
(24)　*Would* you mind carrying this for me?
　　　(ちょっとこれを運んでいただけませんか) [Do you mind よりも丁寧]
(25)　I *should* think you must be very tired.

---

[10] ほとんどの法助動詞は過去現在動詞 (preterite-present verb) といわれ，元々過去形であった。ゆえに，本文で示したような語形をとることはない。

（さぞかしお疲れでしょう）[I think よりも婉曲な言い方；if you asked me が言外にある]

(26) a. I said, "He will/shall/can/may come tomorrow."
（「彼はあす来る［だろう／ようにさせる／ことができる／かもしれない］」と私は言った）［被伝達節は直説法］

b. I said he would/should/could/might come tomorrow.

(Palmer (1979))

（私は彼があす来る［だろう／ようにさせる／ことができる／かもしれない］と，言った）［(26a) および (26c) の間接話法］

c. I said, "He would/should/could/might come tomorrow."
（私は「彼はあす来る［だろう／はずだ／かもしれない／かもしれない］」と言った）［被伝達節は仮定法］

(26a) から (26b) への話法の転換においては，時制の一致に規則的な対応が見られる。ただし，(26b) の解釈は複数あり，(26b) は (26c) の間接話法でもありえる。直接話法の被伝達節で用いられる仮定法の助動詞は，間接話法に転換される際に形を変えないからである。

1.6. 言外の意味

発話文は，文字どおりの意味（what is said）と意図された意味（what is meant）とが異なる場合がある。例えば，法助動詞を含む文が「陳述」であるのに提案の意味（(27)）を表すことがあるし，「質問」の形を取りながら，実は依頼（(29)）・勧誘・申し出などの表明であったり，また驚き・意外（(31)）などの感情的なニュアンスを伝えたりする機能・効力をもつ。多くは R 用法の慣用表現であり，対話の中で用いられる。本節も語用論と関連している。

(27) *It might be a good idea* if you wrote this down.

(Hughes (1983))

(これは（ノートに）書き取ったらいいですよ／*これをノートに書き取れば，それはよい考えかもしれない）［提案］

(28) I *shouldn't* drink that wine.
(僕だったらあの酒は飲まないな［, if I were you が含意された仮定法］／?僕はあの酒を飲むべきではない)

(29) *Can* I trouble you to open the window? (G 大)
(すみませんが窓を開けてくださいませんか／*窓を開けるようあなたを煩わせることが私にできますか)［依頼］

(30) *Must* you wear those silly clothes? (Declerck (1991))
(どうしてもその変な服を着ないと承知できないの)［不満・皮肉を表す：ただし，舞台での役作りなどのために，「どうしてもその変な服を着ないといけないの」という意味の場合は，Do you *have to* wear ...? と言うであろう］

(31) I got on the bus and who *should* be sitting in front of me *but* Tony! (OALD)
(バスに乗ったのだが，目の前に座っていたのは誰あろう，トニーだった)

1.7. P 用法：話者の確信度

以下に，命題成立の度合いに対する話者の確信度を示す P 用法の簡単な例を挙げてみる。ドアをノックしたあと姿を消した人間について発言する場面である。

(32) a. It *must* have been Bill.
(あれはきっとビルだったんだ)［It is certain that it has been Bill.］

b. It *may* have been Bill.
(あれはビルだったかもしれない)［It is probable that it has been Bill.］

c. It *could* have been Bill.
   (あれはビルだったかもしれない) [It is possible that it would have been Bill.]
d. It *can't* have been Bill.
   (あれはビルだったはずはない) [It is impossible that it has been Bill.]

上から下に行くほど，ノックした人物がビルだったという話者の確信度（命題が成立する可能性）が低くなっている。興味深いことに，(32a) の否定は must not ではなく，(32d) のように can't [cannot] であることが分かる。(32a) の発言の裏には，例えば "Nobody else would call at this time of night."（夜のこんな時間に訪ねてくる者はビル以外にいないだろう）の思いがあるかもしれない。(32d) の発言の裏には，"He is away on holiday at the moment."（ビルは今は休暇で遠く離れている）などが考えられる。なお，主語が人間であるのに it が用いられているのは，ノックした人物が男性か女性か分からないからである。

P 用法で命題の実現度を表す助動詞を，その蓋然性（probability）（＝命題が成立する可能性）の高いものから順に並べてみる。これらの例は，直説法の肯定文（＝否定できない事実）をいちばん上に置き，直説法の否定文をいちばん下に置いたとき，その間に存在する断定できない事柄に対し，話者の側での確信度に程度差（gradient）があることを示すものである。dare（と shall）[11] は P 用法に用いられることがないのでこれらを除き，助動詞が P 用法で用いられたと

---

[11] Imai et al. (1995: 178) は shall の P 用法は認められないとしている。しかし，未来にかかわる「予測」は話者の側の判断を表すこともあるので，P 用法を認めるべきであろう。Close (1975) は，自身の示したスケールに個人差があることを注記しているが，その指摘は奇しくも諸家の示した順序の違いに現れている。Celce-Murcia and Larsen-Freeman (1983) も probability scales を示しているが，must と would を欠いているので (33) から除外する。

きの話し手の側の確信度の差について，参考までに複数の研究者の見解を強→弱の順に示す。なお，need は否定文にしか現れないので，Imai et al.（1995）の説を参考にして，否定文を取り入れている Allsop（1987）の表示の中に組み込んである。さらに，G 大は法副詞（modal adverbs）を話し手の確信度によって大まかに示しているので，それも併記する。

(33) a. Imai et al.（1995）：will/would — must — ought to — should —（can）/could — may/might
   b. G 大：must — will — would — ought to — should — can — may — might — could
   c. Allsop（1987）：will — must — should — may — might — could — couldn't — can't/needn't — won't
   d. Close（1975）：must — will — would — ought to — should — can — could — may — might
(34) 法副詞： ① 50% ないしそれ以下：possibly, conceivably, perhaps, maybe // ② 50% 以上 90% くらいまで：likely, presumably, doubtless, probably // ③ 90% 以上：inevitably, necessarily, definitely, unquestionably, certainly, undoubtedly.（G 大）
   cf. 推量（P 用法）の助動詞との共起が可能な法副詞：could [will, may, might] *possibly* / should [will, may] *probably* / will [must] *certainly*（G 大，その他）

1.8. P 用法の否定文

法助動詞を含む文が否定文である場合，その助動詞が P 用法であれば，（can と need を除き）否定されるのは命題のほうである。P 用法は，話者の判断や信念を発話の時点で伝えようとするものであるから，助動詞を否定するという解釈はできない。それは自らの心

的態度を否定することになり，自己矛盾になるからである。その辺の事情を Imai et al. (1995: 169f.) は次のように述べる。

(35) When a sentence with an epistemic modal is negated, the negation constitutes part of the proposition about which an opinion is being stated. The fact that it is the speaker's opinion remains unchanged.
（認識様態的法助動詞を含む文が否定されると，その否定は，判断（＝査定）がなされている命題の一部となる。その文が話し手の判断（＝査定）であるという事実に変わりはない）[12]

この事実は，余談だが，否定辞 not は文頭に近い位置を占めたがる英語のくせを表しており，上で述べた外部否定という現象を引き起こしているといえる (cf. I do*n't* think he is honest. / I think he is *not* honest.)。それはさておき，Imai et al. (1995) の提供する例文は，助動詞と法副詞の対応が見られて参考になるので，引用しコメントを付してみる。

(36) a. This *shouldn't* [*mustn't, wouldn't*] be right.
（これはおそらく正しくはない［正しいはずがない／正しくないだろう］）

b. = In my opinion, this is probably [certainly, definitely] *not* right.
（私見では，これはおそらく［きっと／絶対に］正しくない）［命題否定＝(36a)］

c. ≠ It's *not* my opinion that this is probably [certainly, definitely] right.

---

[12] 認識様態的法助動詞とは，本書でいう P 用法の法助動詞のこと。既述のとおり，法助動詞には R 的／P 的という用法上の違いがあるのであって，認識様態的法助動詞という種類の助動詞があるわけではない，というのが本書の立場である。

(これはおそらく［きっと／絶対に］正しいというのは私の見解ではない）［P 用法の法助動詞の否定形 shouldn't [mustn't, wouldn't] は，命題を否定するものであって話者の判断を否定するものではないから，not my opinion（自分の判断ではない）と書き換えることはできない。ゆえに「≠」なのである］

(37) a. John may *not* be happy.
       （ジョンは幸せでないかもしれない）

   b. = In my opinion, John is possibly *not* happy.
       （私の考えでは，ジョンは多分幸せではないだろう）［命題否定 =（37a）］

   c. ≠ It is *not* my opinion that John is possibly happy.
       （ジョンが多分幸せだというのは私の考えではない）［(36c) の注と同じ］

(38) a. This *can't* [*need not*] be the only answer.
       （これが唯一の答えであるはずはない［唯一の答えとは限らない］）

   b. = In my opinion, this is *not* possibly [necessarily] the only answer.
       （私見では，これはことによると唯一の答えではないだろう［必ずしも唯一の答えではない］）［命題否定 =（38a）］

   c. ≠ It's *not* my opinion that this is possibly [necessarily] the only answer.
       （これが多分［どうしても］唯一の答えだ，というのは私の考えではない）［(36c) の注と同じ］

否定文で用いられたそれぞれの (a) を，法副詞を用いてパラフレーズしたものが (b) であり，(c) は (a) が法否定ではないことを（「≠」で）表している。(36a) の mustn't（… でないに違いない）は，通常はその代替句 can't [cannot]（… であるはずがない）が用いられる。この両者はパラフレーズすると違いが浮き出る。すなわち，

mustn't [must not] の場合は, 'It is certainly the case that this is *not* right.' というふうに命題が否定されるのに対し, can't [cannot] の場合は, 'It is *not* possible that this is right.' というふうに法陳述が否定される。[13] Celce-Murcia and Larsen-Freeman (1983) は, 論理的蓋然性を否定したときの意味 (…のはずがない, でないかもしれない) を強→弱の順に並べると, cant'/couldn't > must not > shouldn't > may not > might not であると示している。

☐ Just for Fun

1. 下の英文は複数の解釈が可能です。その意味・用法の違いを言いなさい。(答えは 6.1.2.1 節にあります)

　　He said she might come.

2. 次の A, B, C のそれぞれに与えられている項目から, お互いに関係のあるものを選び, 番号・記号で結びなさい。(答えは最終章の末尾にあります)

A　(1)　should　　(2)　might/could　　(3)　must
　　(4)　may　　　(5)　will

B　(イ)　事柄の自然な帰趨(きすう) (命題成立の蓋然性が相当高い)
　　(ロ)　論理的当然 (命題成立の蓋然性は高い)
　　(ハ)　推量・可能 (命題成立の蓋然性はほぼ半々)
　　(ニ)　確信的推定 (命題成立の蓋然性がかなり高い)
　　(ホ)　可能性 (命題成立の蓋然性はやや低い)

C　可能なパラフレーズ
　　a.　It is certain [certainly the case] that …
　　b.　It is probable [likely] that …

---

[13] P 用法の must の否定は need not であるという見方については, 第 11 章 (11.2.1) を見られたい。

c. The most likely outcome is that …
d. It is reasonable to conclude that …
e. It is perhaps possible that …

第 II 部

法助動詞・各論

第2章

CAN

　canの本義である「能力 (ability)」と，分義である「許可 (permission)」を，下図のようにcanが表す意味幅の両端に置くと，「可能性 (possibility)」はその両極から少し隔たった所から中心に向けた意味領域を占めるといえる。ability (能力) とは inherency (生得的性質) であり，それを活かすことを状況が許すという観点で捉えると possibility の意味になる。また，ability を発揮する際に，restraint (抑制) あるいは restriction (制約) となるものがない場合には，permission (容認) の概念と結びつく。三者を隔てる明確な境界線はないので，canを用いた文の意味が曖昧になることがある。そのことが生じるのは下の図の線が重なり合う部分である。

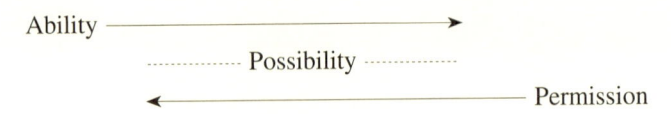

Ability ─────────────────▶
　　　　　┈┈┈ Possibility ┈┈┈
　　◀───────────────── Permission

2.1. R用法

2.1.1. canの上位概念
　canにはいろいろな意味があるが，Coates (1983) はその上位概念として「許可」をあげている。

(1) You can do it. (君はそれができる)
   a. You are able to do it.
      [能力 (ability) ＜主語に内在する能力 (素質・適性・力量など) が主語にそうすることを許可する]
   b. It is possible for you to do it.
      [可能 (possibility) ＜外的状況が主語にそうすることを許可する (妨げるものがない)]
   c. It is permissible for you to do it. / You are permitted to do it.
      [容認 (permission) ＜人間の権威あるいは規制などが薄まって，主語にそうすることを許す，つまり容認する)]

上の三つの英文は客観的な叙述であるが，それぞれに，話者の主観的な判断を加えたものが can を用いた (1) である。(1) が (1a-c) のどの意味であるかは文脈が決める。左の図の ability (= have the ability) に属すると思える用法は，有生／無生の主語に生じ得る。

2.1.2. 可能 (ability)

「可能」は，can の根源的な意味である「能力」から容易に引き出される意味である。

(2) What man wants—all he *can* get. What woman wants—all she *can't* get.
   (男の欲しがるもの——手に入れることができるものすべて。女の欲しがるもの——手に入れることができないものすべて)

(3) a. I *can* speak French.
      [話者は自分の能力に自信を持っている]
   b. I *am able to* speak French.
      [フランス語の運用能力はあるが，本国人ほど完全ではないと思っている含みがある。ただし，両者の差異は厳密なものではない]
                                                              (小西)

(4) I *can* see the tiniest dots on the paper.
　　a.　紙の上のどんな小さなしみでも見ることができる。
　　b.　紙の上の非常に小さなしみが見えている。[=(5) の用法]

(小西)

(5) I *can* see [*am able to see, *am seeing] stars.
　　(星が見えます)

(5) は I see stars. と同じ意味。see, hear, feel, smell, taste などの知覚動詞は，五感を通して情報を得ている (receiving information through the senses) という人間の持つ能力の基本的な意味を表すのであるから，can との相性が良い。be able to は動的であり，本例のような静的・状態的な動詞との折り合いが悪い。また，この場合，無意志動詞として用いているので，通常，進行形では用いない。次例と比較：I'*m seeing* him tomorrow. (Swan (1980)) (彼と明日会う予定です) [=I'm interviewing him.] / From the top you *can* see the whole of the city. (頂上からは市の全体を見ることができる) [実現性を含意する be able to と置き換えることができる] / Can you *see* him agreeing to our plan? (K) (彼が私たちの計画に同意するなど考えられますか) [see = imagine であり，Do you see him ...? とはいえない]

(6) The archives *cannot* be opened for another 20 years.　(K)
　　(その公文書はまだあと 20 年間は公開されない) [未来時を表すが，主語の能力を表していない，すなわち主語指向の解釈ができないので，will not be able to を用いることはできない。be able to が受動態と共起できないことも理由としてあげられる]

(7) Bob *can't seem to* help falling asleep.
　　(ボブは眠り込んでしまうのをどうしようもないようだ) [右の文の can't を繰り上げてできた文；It seems Bob can't help falling asleep.]

(8) I *can't seem to* find clothes that I like.
　　(自分の気に入る服がどうも見つかりそうにない) [斜字体は「努力

してみたがどうも〜できそうにない」の意：(=I seem unable to find ... =It seems I am unable to find ... =It seems I can't find ...)；元の文の can't は不定詞 to find を否定][1]

2.1.3. 可能性 (possibility)

有生主語にも用いられるが，多くの場合，無生主語で用いられるのが特徴である。可能性についていえば，R 用法の「(論理的) 可能性」は can が担い，P 用法の「(現実的) 可能性」は may が担う。

(9) Life *can* be hard for people living in slums.

(Declerck (1991))

(スラム街に住む人々にとって生活はつらいことがある)［過去の陳述には could を用いる］

(10) Accidents *can* happen to anyone.
(誰にでも事故は起こるものだ；誰でもへまをすることがある)

(11) Even expert drivers *can* make mistakes. (Quirk et al. (1985))
(熟練した運転手でさえ事故を起こすことがある)［It is possible for even expert drivers to make ... / Even expert drivers sometimes make ... (Leech (1971: §114))］

(12) Everybody wants to have a nice party but it *can be ruined* by a bore who buttonholes you.   (Imai et al. (1995))
(誰しも快いパーティを楽しみたいと思うが，人を引きとめて長話する退屈なやつのために台無しにされることがある)［受動態で］

(13) Measles *can* be quite dangerous.

(Thomson and Martinet (1988))

---

[1] (7), (8) の奇妙な文は，パラフレーズで示した最後の文から can't の繰り上げ変形 (raising) によって生じたとされる。似たような現象は以下のようなものにも見られる。I hope I *shall* see you. → I *shall* hope to see you. / I intended to *have* gone. → I *had* intended to go. / a cup of *hot* tea → a *hot* cup of tea (MEG IV, 22.9(4), 大江 (1983))

　　　　（ハシカはかなり危険なことがある）[Sometimes it is possible for them to be quite dangerous.; measles を them で受けていることに注意]
(14)　Elephants *can* kill crocodiles.　　　　(Perkins (1983: §3.3.1))
　　a.　ゾウはワニを殺すことができる。
　　　　[能力：Elephants have the ability to kill crocodiles.]
　　b.　ゾウはワニを殺すことがある。
　　　　[可能性：It can happen that an elephant kills a crocodile.] [パラフレーズは Perkins による]

以上の例に見るとおり，主語はしばしば総称名詞であり，ときどき現れ出るその主語の好ましくない特性についていう。可能性はまた「傾向」とも取れる：It *can* be very unpleasant.（それは非常に不快なものになりかねない）。Thomson and Martinet (1988) はこのような can を，現在・過去時制でのみ用いることのできる用法で，occasional possibility を表すという。

2.1.4.　容認・許可 (permission)

　日本語では「許可」と「容認」とでは意味のニュアンスが異なる。英語ではいずれも permission である。can は 'there is no obstruction to the action of the lexical verb'（動詞が表す行為に対して障害となるものは何もない）(Palmer (1979)) の意で，積極的に許可を与えるという意味はないようである。[2] したがって，見出しは，「容認（的許可）」とすべきかもしれない。今日では，特別の理由がない限り，容認・許可を表すにはもっぱら can が使われている。

(15)　"Mom, *can* I go to the movies with Tim and the guys tonight?" "No, you *may* not." "Mom, why?" "You know

---

[2] can は無障害（L. nil obstat = nothing hinders）と定義できよう（Palmer (1979: §5.1.1)）。自発的にやりたいという主語の気持ちを前提とする。

the rules in this house. You *may* not go out on a week-night." (Matreyek (1983))

(「母ちゃん,今晩ティムや友だちと一緒に映画に行ってもいい?」「いいえ,いけません」「どうして?」「我が家の決まりを知ってるでしょう。平日の夜の外出は許しません」) [can は許可を求めるくだけた表現;応答文は許可を与える[与えない]権威を有する源が話者(=親)であることをはっきり示す may を使用]

(16) "Excuse me, Miss. Is smoking permitted here?" "I'm sorry, Sir. It isn't. You *can* smoke outside if you want." (Matreyek (1983))

(「ちょっと失礼ですが,看護婦さん,ここでの喫煙は許されていますか」「申し訳ありませんが禁煙です。お望みなら外でどうぞ」) [第1話者が用いた Is smoking permitted here? は,情報を求める質問であって許可を求めるものではない;[3] 看護師に許可を与える権限はないので may を用いることはできない]

(17) You *can* sell this if and only if you promise to split the profit with me. (Matreyek (1983))
(利益を僕と折半すると約束してくれるなら,しかもその条件でのみ,君はこれを売ってもいいです)

(18) If you get the sack, you *can* always come and work for me. (Palmer (1979))
(もし首になったら,いつでも私の所に来て働けますよ)

(19) *Can't* [*Mayn't*] I have the car tonight? (AHD)
(今晩うちの車使っちゃだめ?) [否定疑問文では mayn't は用いない;肯定形 (Can I have …?) よりも more persuasive だと言われる]

(20) When it was daylight, the magistrates sent their officers to

---

[3] ただし,この質問は間接発話行為 (indirect speech act) として許可を求める効力をもつことは否定できない。

the jailer with the order: "Release those men." The jailer told Paul, "The magistrates have ordered that you and Silas be released. Now you *can* leave. Go in peace."

(Acts 16: 35, 36)

(夜が明けたとき,行政官たちは幾人かの執行吏に,「例の者たちを釈放せよ」との命令書をもたせて牢番のもとに遣した。牢番はパウロにこう伝えた,「行政官たちは,あなたとシラスを釈放するようにと命じました。さあ,出て行って結構です。平安のうちに行きなさい」)

ある辞書は,can の分義(本義を下位分類した語義)の中に「権利・権威」を認めている。上の例(20)では牢番がその権威を行使していると解釈できないことはない。しかし,牢番は命令書の内容を囚人たちに伝えているのであって,解放する権威が自分以外にあることを暗に認めている。もし牢番に許可を与える全面的な権威があったならば,Now you *may* leave. と言ったことであろう。can は,多くの辞書が語義の見出し項目として挙げている「許可」というよりは,「許容」,「容認」の意味が強いように感じられる。この項に関しては第3章も参照されたい。

否定文ではいっそう「容認」の意味が強い。

(21) You *cannot* stay here. (G 大)
 a. 君はここにいてはいけません。
   [法否定: You are *not* permitted to stay here.]
 b. 君はここにいなくてもよい。
   [命題否定: You can [*not* stay here]. と分析する]
(22) She *can't* sleep here. I won't allow her to sleep here.

(G. Green [大江 (1983)])

(彼女をこんな所で寝かせてはおけない。彼女をこんな所で寝させてはおかない) [allow sb to ~ (人が~するにまかせる)の意味から察せられるように can は容認を表すと解される]

(23) Children *cannot* bathe except in the presence of lifesavers.

(大江 (1983))

(監視員が詰めていない場合は，子供は泳いではいけません)

(24) We *can* always *not* go, can't we? (安井[2])

(いつも行かないでいることができますよね) [not に強勢がある]

(25) We *can't* really *not* go with them. (安井[1])

(彼らと一緒に行かないということはとても許されない)

(26) You *can* not eat your cake and have it.

(自分のお菓子を食べずに持っていてもいい) [容認：You can {[not eat your cake] and [have it]}. と分析する]

    cf. You *can't* eat your cake and have it too.

       (《諺》お菓子を食べてなおその菓子を持っているわけにはいかない [世の中はよいことづくめにはいかぬ]) [可能：この場合は，You cannot {[eat your cake] and [have it]}. と分析する]

2.1.5. 申し出・指示・軽い命令 (offer/instruction/command)

会話の当事者にその能力があり，かつ，そうする意図がある場合，話し手は能力があることを伝えることにより，語用論的に，申し出・命令・指示などの意味を伝えることができる。[4]

(27) a. Yes, we *can* send you a map, if you wish.

      (そう，お望みなら君に地図を送りますよ) [相手を含まない '除外の we' (exclusive *we*) を用いている]

   b. Do come early and we *can* have a drink.

(以上，Palmer (1979))

      (ぜひ早めに来てくれ，そうすれば一杯やれる) [相手を含む '包括の we' (inclusive *we*) を用いている]

---

[4] 命令文のような強い響きがないこの巧みな語法を，Leech (1971: §114) は 'democratic imperative' と呼んでいる。

(28) I *can* pop in at the shop tomorrow.　　　(Sinclair (1990))
　　 (明日その店にちょっと立ち寄ることもできますよ)［申し出］
(29) Kevin *can* write the addresses, and I'll put the letters into the envelopes. Brad *can* put the stamps on them.
　　 (ケビンは宛名を書いてね，そうしたら私は手紙を封筒に入れるわ。ブラッドは切手を貼ってちょうだい)
(30) If he doesn't like my car, he *can* go there on foot.
　　　　　　　　　　　　　　　　　　　　(以上，Declerck (1991))
　　 (彼がもしぼくの車が気に入らないのなら，そこへは歩いて行くことだ［行けばいいさ］)［Declerck は「命令」を表す用例の中に入れているが，上の「容認」との差が感じられない例文である。また，文脈によっては，皮肉やイライラ感や攻撃的なニュアンスを伝える］
(31) You *can* certainly give me a ring back this afternoon.
　　　　　　　　　　　　　　　　　　　　　　(Coates (1983))
　　 (午後になったらきっと電話をかけ直してください)［Palmer (1979) は要請に等しいという (似た用法に Can you ...? という疑問形がある)］
(32) You *can't* talk about how lonely having a baby can be.
　　 (育児で孤独感を味わうことがあることを口にしてはならない)［育児に関して従来からあるタブーの一つ；can't は「べからず」に近い］
(33) You *can't* tell him anything.
　　 a. 彼には何も言ってはいけない。(秘密を守れないから)［命令］
　　 b. 彼には何も言わなくてもいいよ。(すでに知っているから)
　　　 ［容認＝You can [not tell him anything].］
(34) a. You *can* listen to the radio.
　　　 (ラジオを聞く手もあります)［事実と思える事柄を客観的に述べたもので，選択肢の一つであることを匂わせる表現］
　　 b. You *could* listen to the radio.

(ラジオを聞くのはどうでしょう)［提案・勧めの意味が強く、話者個人の主観的な気持ちが出ている表現（→ 5.1.3.2)］

2.1.6. cannot の綴り

may not, must not などと同じように、can の否定も can not というふうに、分かち書きしてよいわけである。しかし、[can not + V] は上で見たように曖昧な表現である。一方、この形は「V できない」という意味で用いられることがいちばん多い。つまり、否定辞 not は本動詞 (V) に結びつくよりも can と結びつきやすい。そういうわけで cannot と一語にしてしまうほうが、誤解を与えないで済む（もっとも話し言葉では、強勢 (stress) や休止 (juncture = 連接) の置き方で曖昧さを避けることはできる）。さらに、P 用法で用いられたときも、not は命題に作用するのではなく、can を焦点としてその法性を否定するので、can't [cannot] と一語で用いるほうが理にかなっているといえよう。否定辞 not が、助動詞よりも V と結びつく傾向のある may not や must not の場合と対照的である。ついでながら、BrE 系の ODE は、あるコーパスから、cannot と can not の使用頻度比がほぼ「6,000：400」であるとし、can not を acceptable（容認可能）としている。いっぽう AmE 系の NOAD は、can not を誤用と考える人が多いことを示唆している。

2.1.7. 疑問文

文脈にもよることであるが、2 人称主語の疑問文は、純粋に相手の能力・力量を尋ねるほかに、語用論的な用法として「依頼」を表す。1 人称主語の疑問文では、話者の行為に対する許可を求めたり、申し出をしたりする機能をもつ。

(35) a. *Can* you pass me the salt?
   (塩を取ってくれませんか)［依頼］
  b. *Can* I go for a swim?

(泳ぎに行ってもいい?)[許可を求める(→ 2.1.4)]
c. *Can* I buy you a drink?
(一杯おごりましょうか)[申し出]

2.2. P 用法

can が無意志動詞と結合するとき、また有意志動詞でも完了形不定詞 (have 〜en) や進行形不定詞 (be 〜ing)[5] が後に続くとき、can はおおむね P 用法である。ほとんどが非断定的 (nonassertive) な言語文脈 (=否定文・疑問文) で用いられ、「... のはずはない」、「(いったい) ... かしら」といった意味を表す。

2.2.1. 可能性 (possibility)

can のこの用法は特殊である。出来事を表す命題が成立する可能性について、話し手の否定的な判断を表すことはできるが、may, might, could と異なり、肯定的な判断を表すことはできない。ただし、疑問文で用いることはできる。

(36) Courage is doing what you're afraid to do. *There can be no* courage unless you are scared.
(勇気とは、怖くて尻込みするようなことを実際にやること。怖いという気持ちがなければ、勇気はあり得ない) [there 構文で; R 用法とも考えられる]

(37) a. Who *can* that be at the door?   (Swan (1980))
(戸口にいるのはいったい誰かしら) [should の場合と同じように can が疑問詞と共起すると感情的な色彩を帯びる; can の代わりに could を用いることはできるが、may, might を用いるこ

---

[5] これら2種の不定詞を併せて本書では「相表現」と称する。相とは aspect のことである。

とはできない]

    b. What *can* he be doing?

        (あいつ、いったい何してやがんだ)〔cf. What is he doing? (→ (49))〕

    c. How *can* you be angry at such an innocent joke?   (K)

        (こんな罪のない冗談になんだって怒るんです)〔⟨you-be-angry⟩という命題が成立する可能性を疑問視し、「見当もつかない→不思議なことだ」という気持ちを伝える〕

(38) That *can* not be the President's view.   (CR)
    (それは大統領の意見ではあるまい〔= ... の意見ではない可能性がある〕)〔P用法であっても、R用法の場合 (→ (39)) と似た分析を許す珍しい例である (It is possible that that is *not* the President's view.)〕

(39) Go straight along this road till you reach the intersection. Turn right there and walk three blocks. You'll find the museum on your left. You *can't* miss it.
    (交差点につきあたるまでまっすぐに行き、そこを右に曲がって3ブロック歩くと、(お訊ねの)博物館は左手にあります。見逃しっこありませんよ)〔P／R両用法の解釈が可能である。P用法＝It is impossible that you will miss it.；R用法＝It is impossible for you to miss it.〕

2.2.2. パラフレーズの問題

本書ではパラフレーズする際に、R用法（能力の解釈）の場合は 'It is (possible) ... for S to'（不定詞構文）に、P用法（可能性の解釈）の場合は 'It is (possible) ... that S'（that構文）に書き換えるのを原則としているが、これは用法の違いを示すための便法であって、すべてのケース（特に、仮定法の場合）に当てはめることができるのかどうか、確定的なことは言えない。不定詞構文を用いるか、あるいはthat構文を用いるかについて、不定詞の意味上の主語と

不定詞との関係に着目した論考が八木（1987: §7）にある。これは助動詞 can についてではなく，impossible の統語的特性について論じた際に同氏が指摘したものである。八木によれば，不定詞と意味上の主語との関係が，主語の意志で行える事柄であれば「能力」の解釈がなされ，そうでなければ「可能性」の解釈がなされる，という。以下の (40), (41) はある英和辞典から，(42)–(45) は内外の辞書・著書から，同氏が拾った例である。［　］内に筆者のコメントを付す。

(40) It is *impossible* for her *to* accept the offer. = It is *impossible that* she will accept the offer.
（彼女がその申し入れを受諾するなんてことは考えられない）［辞書が与えたこの日本語訳は右側の英文の意味であり，もとの英文（＝左側）の意味は「彼女にはその申し入れを受け入れることはできない」である。意味の異なるものを「＝」で結ぶことはできない］

(41) It is *impossible* for him *to* get here in time.
（×彼が遅れずに来られるなんてとてもあり得ないことだ）［この日本語訳は，It is *impossible that* he will get here in time. という英文の訳であれば正しい。(41) の意味は「彼がここに遅れずに着くことは不可能だ」である］

(42) It is *impossible* for two and two *to* make six.
（2 たす 2 が 6 になることはない）［Two and two *can't* make six.（パラフレーズは八木（1987），以下同断）］

(43) It is *impossible* for an apple tree *to* grow oranges.
（リンゴの木にオレンジがなることはない）［An apple tree *can't* grow oranges.］

(44) It is *impossible* for there *to* be an outbreak.
（暴動が起こるなんてことはありえない）［There *can't* be an outbreak.［原文の was を is に変えた（筆者）］］

(45) It's *impossible* for Bill *to have solved* that problem.

（ビルがその問題を解いたということはありえない）[「能力」は，主節の表す時と，不定詞の表す時とが同じでなければならないから，完了形不定詞を従えることはできない。ゆえに，「可能性」の解釈になる（八木 (1987)）]

(40), (41) は，英和辞典の中でみつけた英文と日本語訳の齟齬，また意味を異にする英文を「＝」で結んだ不注意を指摘したものである。(42)-(44) は，能力／可能性のどちらをも表す (im)possible と can(not) の解釈が問題になる。この問題は本書ではすでに解決済みである。無生主語が can と共に用いられると「可能性」の解釈を受けやすいことは，2.1.3 節ですでに見た。八木が与えているパラフレーズもそれと一致する。注意したいのは，(45) の英文を can を用いて書き換えると，Bill *cannot have solved* that problem. となり，これをもう一度一般の方式に従ってパラフレーズすると，It's impossible *that* Bill (has) solved that problem. となって，P 用法の「可能性」と R 用法の「可能性」との差はほとんどないことになる。だからといって，(40) の二つの英文を「＝」で結べるかというとそうはいかないところに，法助動詞（とそれに付随する問題）の難しさ，そして面白さがあるのである。

(46) The rumor *can't* be true. She *must* be mistaken.
（噂は本当のはずがない。彼女は間違っているに違いない）[It is impossible *that* the rumor is true. / It is impossible *for* the rumor to be true. （意味上の主語が無生主語なので後者の書き換えは可。ただし，R 用法の読みになる）]

2.2.3. 推量 (likelihood)

日本人が may（かもしれない）を推量の意味に解するのに対し，英語を母語とする人たちは，可能性として捉えるふしがある。英語辞書のほとんどが，may の語義の説明に 'expressing possibility' のような表現を用いているからである。can の場合は，有生／無生

主語とともに否定文・疑問文で用いて，推量の意味を表す。ただし，可能性の意味合いも含まれるので，「出来事の可能性，話し手の推量を表す」(小西 (1980)) ということにしておく。次の (47) はある辞書の中で，「推量」という語義区分の中に載せられていたものである。

(47) a. What he says *cannot* possibly be true.
   (彼の言うことはどうも本当ではないらしい)
   b. What *can* he want at this time of night?　　　(以上，CR)
   (夜の今時分にいったい何用なのかしら)
(48) a. She *can't* be at home.
   (家にいるはずはない) [外部否定：It is *not* possible that she is at home.]
   b. She *may not* be at home.
   (家にいないかもしれない) [内部否定：It is possible that she is *not* at home.]
   c. She *needn't* be at home.
   (家にいるとは限らない) [外部否定：It is *not* necessarily the case that she is at home.]

2.2.4. 相表現との共起

一般論として，法助動詞の後の〈be ～ing〉は，発話時と同時進行の行為を表す。助動詞の後の〈have ～en〉は，発話時（＝現在）よりも前の時間領域（現在完了または過去時制に相当）の行為・状態を表す。

(49) a. What *can* he be doing?
   (いったい何をしてやがんだ) [can に強勢が置かれ苛立たしさを表す；cf. What is he doing? (彼は何をしているの)；再掲]
   b. Why's she so late?　She *can't* still *be working*.　Of course, she *may be having* trouble with the car.

(Swan (1980))

(彼女はなぜこんなに遅れているのか？ まだ働いているはずはない。もちろん，車がトラブッているのかもしれない)

(50) a. He *cannot have gone* far yet.
    (彼はまだ遠くへ行っているはずはない)［過去についての推量］
   b. Where *can* he *have been*?
    (彼はいったいどこへ行っていたのだろうか)［can が疑問詞と共起すると驚きや意外の気持ち］
   c. She *could* [*can] have gone* off with some friends.

(Swan (1980))

(彼女は友だちと一緒に立ち去ったのかもしれない)［could = may の意；can は肯定形で推量を表すことはない］

(51) The fossil people *can have been* related to each other but this can, of course, not be proved.　(以下，Palmer (1979))
   (化石人類は互いにつながりのあった可能性がある。しかし，もちろん，これは証明できない)［肯定文で用いられた例；but で始まる保留の文が後続しており，may ... but に類似している。理論的な可能性を表す適格な文といえるが，次例が示すように could のほうが好ましい］

(52) a. *This picture *can* be a Chagall, but is in fact a Braque.
    (*この絵はシャガールの作の可能性があるが，実はブラックの絵だ)［現在の命題が真実でないことが分かっている場合，can を用いることはできない］
   b. This picture *could* be a Chagall, but is in fact a Braque.
    (この絵はシャガールの作ともいえようが，実はブラックの絵だ)
    [It would be possible for this picture to be ...]

第 3 章

MAY

　may の用法を大まかに分けると，文の主語の行為の「可能」，あるいはその行為に対する話者の（あるいは一般的な）「許可」を表す R 用法と，文の命題内容（文から助動詞を除いた部分）が成立する「可能性」に対する話し手の（自信のない）推量を表す P 用法とがある。R 用法においては，その用いられる状況が対話の場合，discourse oriented（談話指向的）ともいうべき performative（遂行的）な用い方が多い。また P 用法では，should が強い蓋然性を表すのに対し，may は弱い蓋然性を表すといえる。コーパスでは，may が現れる発話（文）ではほとんどが P 用法であり，R 用法は限られていることが知られている（Coates (1983)）。

3.1. R 用法

3.1.1. 許可（許可を求める／与える）

　許可を表す may は改まった，あるいは，かしこまったニュアンスがあるので，通常は許可を表すには can を用いる。その違いは Perkins (1983: 38) が用いた次の例によく表れている。

(1)　Johnny:　Can I go out?
　　　Mother:　Not *can*, *may*.

Johnny: O.K., *may* I go out?
Mother: Sure you *can*.
(「外へ出てもいい？」「いい（can）ではなく，いいですか（may）でしょう」「分かった。外へ出てもいいですか」「ええ，いいわよ」）

母親から can の使い方を直されているのである［2 行目＝「can を使うのではなく may を使いなさい」の意］。'Can I …?' は，相手の許可を求めるのに（少なくとも目上の人に対して）はふさわしくないということを，母親が暗に教えているのである。同じような例が Coates (1983) に載っている。

(2) K: *Can* I buy a tennis racket?
 M: You *cannot*, but you *may*.
(「テニスのラケットを買える［買ってもいい］？」「買えないけど，買ってもいいですよ」［M は K の用いた can をわざと「可能」の意味にとって，それとなく may を用いるように教えている］)

(3) A: *Can* I — uh — kiss you — good-night?
 B: Why do you always ask me if you *may*?
(T. Williams［大江 (1983)］)
(「お休みのキスをしてもいいかい」「どうしていつもそんなふうに尋ねるの」）［B は相手の用いた can を機械的にくり返さず，自分の立場から用いるべき言葉を選んでいる。然るべき文脈の中では may/can の区別がしっかり守られていることが分かる］

(4) As Paul discoursed on righteousness, self-control and the judgment to come, Felix was afraid and said, "That's enough for now! You *may* leave. When I find it convenient, I will send for you."　　　　　　　　(Acts 24:25)
(パウロが義と自制と来るべき裁きについて語ると，フェリクスは怖くなって言った，「今はもう十分だ。下がってよろしい。都合のよいときに人を迎えに出そう」）［権威を持つローマ総督の言葉なので，can を用いるのは不適切］

(5) a. You *may* decide for yourself.
   （自分で決定してよろしい）［許可の源は話し手にあることを含意：I give you permission to …］
  b. You *can* decide for yourself.
   （自分で決定して結構です）［許可の源を示すものはない：You have permission; you're free to make your own decision.］

(以上，Declerck (1991))

(6) There is a set of rules to show what members *may and may not do*. (LDCE)
  （会員が何をしてもよいか，またしてはいけないかを示す一式の規則がある）

許可を与える権威は上記のように人間の場合もあるが，組織の決め事や方針などの外部環境の場合もある。否定文は不許可を表し，掲示文によく使われる。

(7) Students *may* pick up the application forms tomorrow.

(AHD)

（学生は応募用紙を明日受け取れます）［形式ばった言い方：学校側の権威がうかがえる］

(8) *No* vehicles *may* be left in the University grounds during vacations. (Coates (1983))
  （休暇中はいかなる車両も本学構内に駐車することを禁ずる）［= are allowed to］

(9) Visitors *may not* [*must not*] feed the animals. (Swan (1980))
  （来園者は動物にえさを与えてはいけません）［must not ＝禁止］

(10) If the publisher decides to opt for a net price, the retailer *may not* sell that book below the publisher's price.

(Sinclair (1990))

（出版社が正価のほうを選ぶ決定をした場合には，小売店が当該出版物を出版社の付け値以下で販売することは禁じられています）［改

まった言い方]

(11) *May* I trouble you for [to pass me] the salt?
(塩を取っていただけませんか)［遂行的］

(12) This is, if I *may* say so, begging the question.

(Palmer (1979))

(これは，もしそう言ってよければ，問題を回避しているのです）
［下の例と同様失礼にならないための慣用表現］

(13) How much did that cost, *if I may* ask?　　　　　(R 大)
（つかぬことをお伺いしますが，それはおいくらでしたか）［失礼なことを弁解的な口調で尋ねるときに用いる。if I may の代わりに if I can を用いることはできない。if 以下は，語調を和らげるための「ぼかし語句 (hedge)」といわれる I wonder? を用いたのと同じ効果がある］

can, may, could はいずれも「許可を求める」ため，1人称の疑問文で用いられることが多い。普段の話し言葉では，(11) のような場合，今日ではほとんどの人が can を使っている。

3.1.2. 許可か容認か

許可を表す may, can に関連した事柄で注意すべき点を二,三触れておく。

(14) "*May* I come in?" "Yes, certainly [Of course you *can*]."
（「中に入ってよろしいですか」「はい，どうぞ」）［'Yes, you *may*.' という返事は尊大に響くので避けたほうがよい。また，許可を与えないのであれば，'I'm sorry you *can't*.' を使う。すなわち，この意味の場合 may の否定は cannot である］

(15) *May* [*Can] I be permitted to offer you a small gateau, compliments of the restaurant?　　　　(Palmer (1979))
（当レストランのご挨拶として小さなケーキをお出ししてよろしいですか）［客に向かって言う言葉としては can はくだけ過ぎている；

Coates (1983) も同じコーパスから本例文を引用している]

(16) It's not fair. Joey *can* [*may] stay up till ten and I have to go to bed at eight.
(不公平だよ,ジョーイは10時まで起きていてもいいのに僕は8時に寝なければならないなんて)[すでに許可が与えられている事柄に関しては,通常,may を用いない]

(17) *Can* [*May] you park on the pavement in your country?
(あなたの国では[車道(AmE)/歩道(BrE)]に駐車してもいいのですか)[同上]

(18) These days, children *can* [*may] do what they like.

(以上,Swan (1980))

(今日,子供たちは何でもできる[したい放題だ])[may, might は,通常,許可を求めたり,与えたり,拒絶したりするときに用いる。それ以外の言い方で用いるのは普通ではないので,can, could を用いる;what = whatever]

上の (16)-(18) の [ ] 内のコメントは Swan (1980) が与えたものである。これらの例は,「許可」というよりは「容認」と言ったほうが,より適切であろう。もっともこれは訳語の違いで,英語ではどちらも permission である。

3.1.3. 可 能

may は古風な英語では can の意味で用いられ,その名残が諺や,聖書由来の慣用句にみられる。may はもともと「能力」を表していたが,「能力」と「可能」は意味的には紙一重であり,他者の能力を認めるところから「容認」や「許可」,さらに発展して「譲歩」の意味が派生することは容易に推測できる。[1] (19) は may と状態動詞が共起しているにもかかわらず R 用法である。

---

[1] Palmer (1979) は「譲歩」を P 用法の可能性に分類している。

(19) You *may* be sure of one thing—he is completely honest.
(K)
(一つだけは信じていいよ，彼はまったく正直者だということをね)
[It is possible for you to be sure of ...]

 cf. The trip *might* be expensive, but it was extremely interesting. (Declerck (1981))
(あの旅行はぜいたくだったかもしれないが，とても興味深いものだった) [譲歩；過去の事柄を表す may have been の代わりに might be を用いることがある；P 用法]

(20) I pray that now at last by God's will the way *may* be opened for me to come to you. (Romans 1:10)
(神のご意志によって，今度こそ私があなた方のもとへ行く道が開かれるようにと祈っています) [pray の後の that 節の中で]

(21) "He that *may* not do as he would, must do as he *may*."
(《諺》望むとおりにできない者は，能力に応じて事をなさねばならない) [諺辞典には，これに対応する日本語の諺として，「似合った屁をひれ」を挙げている；would = wish, desire]

(22) Careful grooming *may* take twenty years off a woman's age, *but* you can't fool a flight of stairs. (Marlene Dietrich)
(念入りな身だしなみは女性の年齢から 20 歳取り去るかもしれませんが，一続きの階段はだませません) [譲歩 (may ... but のように相関的に用いられている)；cf. *Even though* careful grooming *may* ..., you can't ...]

(23) *May* you have a long and happy life! (Hornby (1956))
(ご長寿とご多幸をお祈りします) [祈願文の may は R 用法と思われる]

(24) Some chemicals *may* cause environmental damage. (LDCE)
(化学物質の中には環境に害をもたらすものがある) [can が「(時には) ... なことがある」という意味で用いられるのと同じ]

3.1.4. R 用法（許可）か P 用法（可能性）か

同じ may を用いているのに，主語の違いによって R／P 用法の読みの傾向が異なったり，R／P 両方の解釈を許すいわゆる曖昧な文になったりすることがある。（両者の用法の区別をつけるのが困難な例は，特に改まった書き言葉に多いことが報告されている (Coates (1983))。）この現象は状態動詞にも動作動詞にもみられる。

(25) a. I *may* be away from home tomorrow.
   （私は明日家を留守にするかもしれません）［1 人称：可能性］

  b. You *may* be away from home tomorrow.
   （あなたは明日家を留守にしてよろしい）［2 人称：許可；主語に応じた読みの偏好があることを示している］

  c. He *may* be away from home tomorrow.
   （彼は明日家を留守にするかもしれません）［可能性：P 用法（話し言葉では may が強勢をうけるので曖昧さは生じない）］／(...留守にしてもよろしい)［許可：R 用法］

(26) Smoking *may* give you cancer.   (K)
  （たばこを吸うとがんになるかもしれませんよ）［It is possible for smoking to give you cancer.［R 用法；can のほうが普通］/ It is possible that smoking will give you cancer.［P 用法］］

(27) The subject of the imperative *may or may not* be expressly indicated.   (Jespersen (1956: §27.4$_1$))
  （命令法の主語は明示される（ことが許される）こともあり，されないこともある）［（ ）の中は R 用法の解釈であることを示すため］

(28) Transitive verbs *may* be active or passive.   (Leech (1971))
  （他動詞は能動的か受動的である）［「文中において他動詞は，能動態か受動態かのいずれかの態で用いられる」の意味。文法書に頻出するこの may の解釈について，Leech (1971: §113) は 'The rules of English *permit* transitive verbs ...' / 'It is *possible* that transitive verbs ...'（斜字体筆者）のどちらをも意味する ambivalent な

ものであるとし、実際には意味の違いはほとんどないと結んでいる〕

3.1.5. 文法書に多用される may

Jespersen (1956) は非難文 (sentence of deprecation) の例として、'He a gentleman!'（彼が紳士だなんて！）/ 'She a beauty!'（彼女が美人だなんて！）を挙げている。その後で、'Of course he'll come. A sailor and afraid of the weather!'（もちろん来ます。船乗りなのに荒れ模様を恐れるなんて（ありえない））の例文を導入するに当たり、The two members *may* be joined by means of *and*.（主語と述詞は and で結びつけることもできる）という説明で may を用いている。数年早い著作である Jespersen (1951: 130) では、非難文のことを 'nexus of deprecation'（非難のネクサス）と呼んでいるが、この際の説明にも may を用いている：From another point of view they *may* be given as instances of aposiopesis.（別の見方からすれば、これらの例は頓絶法（＝話を文の途中で突然やめること）の例として挙げることもできよう）。Jespersen に限らず、どの文法書にも may が多用されるのは、著者がその記述に、断言の響きを避けたい心理が働いているからであろう。言葉の使用には例外が付きまとうものであり、異なった読みの可能性を常にはらんでいるからである。

3.1.6. 法否定と命題否定

第1章でも扱ったが、may の否定は、R 用法の場合は助動詞 may が否定され、P 用法の場合は命題が否定される。以下のパラフレーズの not の位置に注意されたい。

(29) a. You *may not* go out.
    （外へ出ることはなりません）[It is *not* permissible for you to go out. / You are *not* permitted [allowed] to go out.]〔法助動詞否定：not に強勢がある〕

  b. He *may not* come.

（彼は来ないかもしれない）(It is possible that he will *not* come.)［命題否定；may に強勢がある］

P 用法は命題を査定するものであるから、査定を担っている部分を否定することは自己矛盾になるので、'It is *not possible* that …' というふうに、法否定にすることはできない。

3.2. P 用法

本用法においては may と might はほとんど同義である。

3.2.1. 可能性・推量

can は理論的可能性（theoretical possibility）を、may は現実的可能性（factual possibility）を表すといわれる。may が可能性を表すというとき、何パーセントの可能性が意識されているのだろうか。

(30) Visit a lawyer to see what legal responsibilities you *may or may not* have.
（あなたがどんな法的責任を持つか持たないかを知るため、弁護士に会ってみなさい）

(31) Parenthood *may or may not* enrich a marriage.　　（以上、K）
（子供のいることが結婚生活を豊かにすることもあるし、そうでないこともある）

(32) You *may* wish to include other areas to meet requirements on your side.　　　　　　　　　　　　　(Kurdyla (1986))
（そちら様のほうでもご要求を満たすために、議題に載せたい点がおありのことと存じます）

(33) a. Give her a pet animal. That *may* cheer her up.
　　　（彼女にペットを与えなさい。元気になるかもしれないよ）［現実的可能性：may はふつう強勢を受ける］

  b. A pet animal *can* cheer you up if you feel depressed.

(以上, Declerck (1981))

    (憂うつな気分のときにはペットで元気になることがある) [理論的可能性: can はふつう強勢を受けない; you は総称人称]

(34) This late in the season *there may be* jellyfish. (K)
   (シーズンもこれほど終わりに近くなると, もうクラゲが出ているかもしれない) [there 構文で用いられた may は P 用法である]

(30), (31) の or は, may と may not の二者択一であることを示しているので, may が示す可能性はほぼ 50% であるといえる。may or may not という言い方は, R 用法にもある。

3.2.2. 疑問文・否定文

 可能性を表す P 用法の場合, 疑問文および否定文において, may と can は振る舞いを異にする。疑問文の場合, can は比較的自由に用いることができるが, may は疑問詞と共起する場合に限られる。may が not によって否定された場合, not の作用域は may を除いた部分であるのに対し, can の場合, 否定辞 not は can 自体を否定の焦点とする。

(35) a. *Can* the news be true?
    (その知らせは本当の筈があろうか) [理論的・客観的可能性]
  b. *May the news be true?
    [現実的可能性についての話し手の主観的判断を自分に問うのは矛盾]

(36) a. Who *may* you be? (大江 (1983))
    (いったい何さまだと思っているんだ) [非難・詰問の調子 (= What do you claim to be?)]
  b. What *may* he be doing over there? (CR)
    (彼は向こうで何をしているのだろうか) [疑問詞と共に]

(37) a. The news *may not* be true.

（知らせは本当でないかもしれない）［命題を否定：It is possible that the news is *not* true.］

b.　The news *cannot* be true.
（知らせは本当のはずがない）［can を否定＝述語（possible）を否定：It is *not* possible that the news is true.］

cf.　It *may* be *not* inaptly termed the "midsummer madness."（それは「狂気の沙汰」と称しても不適当ではなかろう）［not は inaptly 1 語を否定する（語否定）］

3.2.3. 相表現との共起／出来事と発話時との関係

述べられている事柄が生じる可能性は，発話時点と同じ時間領域に属するのか，あるいは発話時よりも後の時間領域に属するのかなど，発話時（ST）と指示時（RT）との関係は文脈（言語内文脈も含む）によって定まる。may が相表現と共起する場合，may は P 用法であるとみなしてよい。助動詞の後の〈be ～ing〉は，通常，発話時（＝現在）と同時進行の出来事を表し，助動詞の後の〈have ～en〉は，発話時よりも前の時間領域を表す。

(38)　"Have you got a pen? I'll leave a message." — "I *may* [*can] have one."　　　　　　　　　　　(Coates (1983))
（「ペンはありますか。メッセージを残しておきたいのです」「あるかもしれません」）［発話時と同じ (It*'s* perhaps possible that I *have* one.)］

(39)　a.　He *may* [*might*] *be waiting* at the station.
（彼は駅で待っているかもしれない）［発話時と同じ (It's possible that he *is* waiting …)］

b.　He *may* [*might*] *be waiting* at the station when we arrive.　　　　　　　　(以上, Thomson and Martinet (1988))
（私たちが駅に着いたら彼は待っているかもしれない）［発話時以降：when 節が未来時を示している (It's possible that he *will*

(40) Gun crimes *may be going* unsolved because police forces are failing to update a national database, a watchdog has found. (telegraph.co.uk/news)
(ある監視筋の明らかにしたところによると，銃犯罪が未解決のままになっていると思われる理由は，警察が国家のデータベースを相変わらず最新のものにできないでいるからである) [go「…のままである」; may は書き手の現在における推量を表し, be going unsolved は unsolved の状態が進行していることを表す: 進行形の are failing は「繰り返し」あるいは継続を表している]

(41) You *may* not *have heard* about this. (GL)
(このことはまだお聞きになっていないかもしれません) [現在完了に相当 (It's possible that you *have* not *heard* …)]

(42) I'm afraid I *may have misled* you a bit. (K)
(あなたに少し考え違いをさせてしまったかもしれません) [fear, afraid など不安や心配の対象となるもの (that 節) は実現した可能性がある]

3.2.4. 慣用表現
R 用法と P 用法との境界線上のものといえる。

3.2.4.1. may well
①「たぶん … だろう」

(43) You *may well* need your umbrella. (AHD)
(たぶん傘が必要になるよ) [well = 'in all likelihood' (たぶん, おそらく, 十中八九) の意味]

(44) You *may well* be left behind if you don't hurry. (K)
(急がないと置いてきぼりにされてしまうよ) [客観的: (I'm not sure but) perhaps you *will* be left behind …]

(45) This special tourist ticket *may well* save your time and trouble. (Case and Snow (1980))
(この特別観光券をご利用いただければおそらく時間と手間が省けるでしょう)〔同書のパラフレーズ= can probably … (= It is probable that this special tourist ticket *will* save …)〕

(46) He *may well* refuse.
(彼はたぶん断るだろう)〔It is quite likely that he *will* refuse. (Thomson and Martinet (1988))〕

②「〜するのも当然だ」

(47) Kate *may well* complain of her husband. (GL)
(ケートが夫の不平を言うのはもっともだ)〔well = with reason or propriety; reasonably (AHD)〕
cf. I *can't very well* say no. (ノーとはとても言えない) / At this point we *can't very well* start all over. (K) (ここまで来てしまって今さら最初からやり直しというわけにはとてもいかない)〔may の否定形の代わり〕

3.2.4.2. may as well
①「〜したほうがいい(かもしれない)」

(48) All the pubs are closing—we *may as well* go home.
(Swan (1980))
(パブはぜんぶ店を閉めようとしている。家に帰ったほうがいいかもしれない)

(49) You *may* [*might*] *as well* ask him.
(Thomson and Martinet (1988))
(彼に尋ねるのがいいかもしれない)〔Thomson and Martinet は斜字体部は very uunemphatic advice だといい,次のようにパラフレーズしている:It would do no harm to ask him. (彼に尋ねても

害にはなるまい）］

② 「(... するぐらいなら) 〜するほうがましだ」

(50) You never listen—I *might as well* talk to a brick wall.
（君は決して耳を貸さない。レンガの壁に話したほうがましだ）[It would be as sensible to talk to a brick wall as not.]

Swan によると，(48) は，なすべき何かもっと面白いもの，役に立つもの，良いものなどがない場合にある事柄を人に勧める言い方であり，①，②の間に実質的な違いはなく，ともにくだけた言い方であるという。

3.2.4.3. so that ... may [might, etc.] （目的節）

「目的（〜するように）」を表す標記の語法が一般的であるが，（特に否定（〜しないように）を表すときには）ほかの助動詞を用いることも可能である (Sinclair (1990: §8.47))。

① 主節が現在時制または現在完了のとき： so that ... may [can, will, shall]
② 主節が過去時制のとき： so that ... might [could, would, should]

(51) Let us live *so that* when we come to die even the undertaker *will* be sorry. (Mark Twain)
（自分が死を迎えたら，葬儀屋さえも惜しんでくれるような生き方をしようではないか）

(52) I'll give him a ring *so that* he *may* know what has been decided. (Declerck (1981))
（結論がどうなったかを知ってもらえるよう彼に電話します）［どの助動詞を用いるかは，時制・法的な意味・使用域（本例のように改まった言い方では may が相応しい）などによって決まる］

第 4 章

MUST

　must の本義は「不可避 (inevitability)」であり、そこから「必然」、「必要・義務」、「主張」などの意味が派生したと思われる。大体において、must が主語指向的（主語の行為に課される必然・義務を表す）であれば R 用法、叙述内容が話者の側の論理的推定に基づいて成立するもの（＝命題査定的：「... に違いない」）であれば P 用法と、一応の区別をつけることができる。もちろん、ある文がそれらのどの用法、また意味区分に属するのかを見分けるのが困難な、曖昧なものがあるのは、ほかの助動詞と同様である。

4.1. R 用法

　中心的な意味は「必要」である。必要を、話し手が自らの権限をもって文の主語に課す場合と、それが道徳・習慣・法律や規則などによって課される場合とがある。一般的に、1 人称主語に対しては自己抑制・決意、2 人称主語に対しては強い命令・勧告、3 人称主語に対しては物事の必然性、話者の側の強制、または話者が承認する外部からの義務・強制、などを表す。R 用法においては、その意味の強さは、2 人称主語＞1 人称主語＞3 人称主語の順であるといわれている。

4.1.1. 必然 (inevitability *or* certainty)

(1) All good things *must* come to an end.
  (良いものはみな必ず終わりを迎える) [It is inevitable for all good thing to come to an end.]

(2) Bad seed *must* produce bad corn.   (GL)
  (悪い種からは悪い実しかできない)

(3) He that lies down with dogs *must* rise up with fleas.
  ((諺)犬と一緒に寝る者はノミをつけられて起きねばならない) [下賎な者と交わればその悪影響を受けねばならなくなる，の意]

(4) He that bites on every weed *must needs* light on poison.
  ((諺)どんな草にでもかぶりつく者はきっと毒に出くわすに違いない) [must needs ～ (～せざるを得ない); needs (どうしても) は副詞]

4.1.2. 必要・義務・命令 (requirement/obligation/command)

この must は，「許可」の意味を表す場合の may のように，「義務」などを課す権威を有するのは主に話し手であるが，そのほかに，法律や規則のこともある。主語が 1 人称の場合は，義務感や自己鍛錬また便宜のために，話し手が自らに課した義務ということになる。疑問文の場合は，義務を課す権威は聞き手の側にある。

(5) Passengers *must* cross the line by the footbridge.
                                      (Thomson and Martinet (1988))
  (乗客は歩道橋を使って軌道敷を渡ってください) [鉄道会社の掲示 (Passengers are required to cross …)]

(6) Cars *must* not be parked near this gate.   (江川 (1991))
  (この門の付近には駐車できません) [相手に対する配慮から能動態の主語を前面に出すことを避けた；否定文は「禁止」を表す]

(7) The Jews insisted, "We have a law, and according to that law he *must* die, because he claimed to be the Son of

God." (John 19:7)

(ユダヤ人たちは主張した,「私たちには律法があります。その律法によれば,彼(イエス)は死ななければなりません。彼は自分を神の子だと自称したからです」)[言及されている律法の権威に注目。has to を用いた英訳聖書は一つもない]

(8) Science *must* be at the service of man, and not vice versa.
(科学は人類に奉仕する[役立つ]ものであるべきであり,その逆であってはならない)[第1章で指摘したが,must は状態動詞でも R 用法になり得る (It is essential for science to be …)]

(9) I haven't seen her for ages. I *must* phone her up.
(Sinclair (1990))
(もう長らく彼女に会っていない。ぜひとも電話しなくっちゃ)[主語が I の場合,事柄が重要であることを伝える;BrE の口語表現]

(10) You *must* come and see us some time.
(いつかぜひ遊びに来てください)

(10) は,上の諸例と対照的に,さりげない招待の決まり文句 (a usual way of expressing a casual invitation) (Thomson and Martinet (1988)) だといわれる。一見強い表現を用いて,話者の側の温かい切望を相手に伝える。聞き手にはそれが誇張であることが分かっていて,必然や義務の意味がやわらげられる,という(大江(1983))。Palmer (1979) は,聞き手がその行為の受益者であるような場合,それを主張するのは礼儀にかなうことであり,社会的な慣例の反映である,と説明している:You *must* have some of this cake. (ぜひ一口お上がりください) / You *must* say hello to your daughter. (娘さんにぜひよろしく伝えてね)。

(11) *Must* I answer all these letters myself? (Leech (1971))
(この手紙の返事は全部私がしなければなりませんか)

(11) の疑問文の場合,義務を課す権威は聞き手の側にある。文脈

によっては不満の意を表し「この手紙の返事を全部私がしなければならないの」という意味にもなる。Do I *have to* answer ...? は純粋な質問である。

(12) We *must* talk about it now [later, tomorrow].

(Declerck (1991))

(そのことは今[あとで,明日]話し合わなければならない)

上のすべての例において,話者が必要性を表明しているのは発話時であり,行為の実現は現在か未来であることを示す。Declerck は present modality (法性は現在) / post-present actualisation ((命題の) 実現は現時点以降) という言い方をしている。

(13) He *mustn't* leave here, *must* he?
(彼は当地を離れてはいけないのでしょう?)

(13) は,意味的には leave が否定されるので mustn't he? が期待されるところであるが,付加疑問 (tag) は意味によってではなく,文法的 (=形式的) に決定される。

(14) Among you there *must* not be even a hint of sexual immorality, or of any kind of impurity, or of greed.

(Ephesians 5:3)

(あなた方の間では性の不道徳,あらゆる種類の汚れ,また貪欲がいささかでもあってはならない) [there 構文における法助動詞は P 用法が多いが,本例は R 用法]

(15) The Lord's servant *must not* quarrel; instead he *must be* kind to everyone, able to teach, *not* resentful.

(2Timothy 2:24)

(主の僕は争ってはならない。それよりも,誰にも親切で,教えることができ,辛抱強くなければならない)

(15) の例では,must be の補語は三つある (kind, able, not resent-

ful)。最後の補語には，must と離れて not があるので，must [be not resentful]（憤慨する者でないことが必須）という解釈を強いられる。このことは，普通の語順の He *must not* be resentful. が，It is *obligatory* for him *not* to be ...［内部否定］とパラフレーズされることと一致して，must の作用域が not のそれよりも大きいことを示す根拠となる。

4.1.3. 固執・主張 (persistence/insistence)

標記の意味を表す must は，2・3 人称を主語とする疑問文や if 節の中で用いられる場合が多い。また，話者の側で快く思っていない気持ちや不満を表すことが多い。must には強勢が置かれる。

(16) He always *must* have a finger in every pie.   (GL)
（彼は何にでも手を出さなければ承知しない男だ）

(17) Why *must* you always leave your dirty clothes in the bathroom?   (Swan (1980))
（どうしていつも汚れた衣服を風呂場に脱ぎ捨てたままにしないではおれないの？）

(18) "I've *got to* meet Jim at the golf course at 9 a.m." "*Must* you play golf today? Can't you just stay home?"

(Matreyek (1983))
（「午前 9 時にゴルフ場でジムと会わなければならないんだ」「どうしても今日プレーしなければならないの。家にいることはできないの」）［夫婦の会話＝疑問文＝不満・皮肉を表す］

(19) If you *must* break wind, go outside!   (Declerck (1991))
（どうしてもおならをするというのなら，外に出てちょうだい）［if 節の主語が you のとき，皮肉な響きになることがある］

(20) You'd better go in the garden, if you *must* make such a row.   (Coates (1983))
（どうしても騒ぎたいというのなら外に出ていなさい）［親・教師が

子供に言うときの決まり文句；row [ráu] と発音］

(21) Just as I was busiest, he *must* come worrying. (K 大)
(時もあろうにいちばん忙しいときに邪魔しに来たとは（いまいましい））

(22) Just as he was getting better, what *must* he do but overeat himself?
（やつの病気が治りかけていた矢先，何をするといってきかなかったかというと，食い過ぎだ）[must は過去形；「食い過ぎ以外に何をすると言ってきかなかったか？」が直訳]

(23) Just as I was going out, it *must* begin snowing. (GL)
（出かけようとしたそのときに，あいにく雪が降り出した）

「過去の不運・あいにくの出来事」という語義を設けた辞書があるが，見出しの意味でひと括りにできる。(21)-(23) の must は過去時制もしくは歴史的現在とみなせる。

(17) について Swan (1980: §394) は，相手の 'wishes or intentions' を尋ねるときの用法だと述べている。ここはやはり，Leech (1971: §115) が指摘しているとおり，「固執」の意味を表すとするほうがより近いように思われる。

4.1.4. 相表現との共起

(24) You *must be singing* when my mother arrives.
(Coates (1983))
（母が着いたら君は歌っているところでなければならない）[It is necessary for you to be singing ...]

(25) I *must be going* now.
（もうおいとましなければなりません）

(26) I *must have finished* this assignment by the end of the month. (AHD)
（この宿題を月末までには仕上げていなければならない）[RT は未

来：同じ形式の P 用法 (→ 4.2.4) と比較]

4.1.5. must と have to

must が，話者の側が主語に課す義務・必要を表すときに用いられるのに対し，have to は話者の思惑とは無関係な，周囲の事情などの客観的な要因に基づいての義務・必要を述べるときに用いられる。(27), (28) がその違いをよく示している。また，have to のほうが穏やかな表現であり，話し言葉では must より have to のほうが好まれる (R 大)。

(27) a. You *must* cut down on your smoking.
(喫煙量を減らさなければいけません) [患者に対する医者の言葉]

b. I *must* [*have to*, *will have to*] cut down on my smoking.
(ぼくは喫煙量を減らさなければならない) [患者の言葉]

(28) She *has to* make her children's clothes. She can't afford to buy them.　　　　　(以上, Thomson and Martinet (1988))
(彼女は子供たちの着るものを作らなければならなりません。買うだけの余裕がないのです) [2 番目の文が, must を使うことが不適切であることを示している]

(29) When I was with you before, I *told* you that everything written about me in the law of Moses and the prophets and in the Psalms *must* be fulfilled.　　(Luke 24:44, *NLT*)
(私は以前あなた方と共にいたとき，「モーセの律法と預言書と詩編の中で私について書かれていることはすべて成就しなければならない」と言いました) [キリストの言葉であり, must は時制の一致による過去形。must の代わりに had to を用いることはできない。預言の成就は主語を取り巻く外部の状況によってではなく, 神の意志によって為されるものだからである]

(30) He said that he *must* [*had to*] leave at once.

(彼はすぐおいとましなければなりませんと言った)［< He said, "I *must* leave at once."］

(30) の例では，軸時制が過去時制であって must を含む従属節が時制の一致を受けるとき，had to に置き換えることもできるが，must をそのまま用いてもよい。このように，そのままの形で時制の一致の変化を受けない助動詞には，ほかに could, should, ought to, need, had better, used to などがある。

4.1.6. 類似表現にみる R／P 用法の比較

(31) a.　He *must* be tall(er) in order to become a football player.
　　　　　　　　　　　　　　　　　　　　　　　　　　　(安井[1])
　　　(サッカーの選手になるためには（もっと）背が高くなければならない)［R 用法］
　　b.　He *must* be tall.
　　　(彼は背が高いにちがいない)［P 用法；be は状態的素性を持つ動詞（be［+stative］）と解釈される］

(32) a.　Sam *must* be a good boy and Jim *must*, too.
　　　(サムは良い子にしていなければならない。ジムもそうだ)［be ＝become なので［−stative］（stative という素性がマイナス＝動的）であり be 動詞は義務的に削除される；R 用法］
　　b.　Sam *must* be a good boy and Jim *must* be, too.
　　　(サムは良い子にちがいないし，ジムもそうにちがいない)［述部が状態的である場合 be 動詞は削除できない；P 用法］

(33) a.　You *must* know when to assert your authority.　　(K)
　　　(いつ権限を主張［行使］すべきかを知らなくてはならない)
　　　［know＝possess knowledge of; R 用法］
　　b.　You *must* know where he is.　He is a friend of yours.
　　　　　　　　　　　　　　　　　　　　　　　　　　　(G 大)
　　　(君は彼の居所を知っているはずだ，友だちなんだから)［know

= be informed of; P 用法]

(34) Immediate action *must* be taken to stop global warming.
   a. 地球温暖化を食い止めるために即刻対策が取られるべきだ。[R 用法 (It is essential for us to take immediate action to stop ...)]
   b. 地球温暖化を食い止めるために即刻対策が取られるに違いない。[P 用法 (It is certain that immediate action will be taken ...)]

4.2. P 用法

4.2.1. 確信的推定・論理的必然性 (presumptive certainty *or* logical necessity)

must の P 用法は、さまざまな事実や周囲の状況などの根拠に基づく話し手の「確信的推定」を表す。I'm reasonably confident that ... / I confidently infer that ... / It is certain that ... などでパラフレーズされる。[1] この意味での否定は can't [cannot] が担う。その理由は、「... であるに違いない」という話者みずからの確信を否定するのは理屈に合わないからである。さらに、must not はもっぱら「禁止」の意味に使われるので、誤解を避けるため別の表現法が望ましいということもある。かりに、命題を P、否定作用を「～」で表すと、「... であるに違いない」の否定は「... でないに違いない」(MUST[～P]) という命題否定と同じであり、意味的には「... であるはずがない」=「... ではありえない」(～ CAN[P]) と同じになるので、cannot [控えめな表現では couldn't] は P 用法の must not の代替表現になり得るのである（別の見方については 11.2.1 節を参照）。この用法で must が未来時を表すことはめったにない。未来表現は

---

[1] Palmer (1979) は適切なパラフレーズとして、The only possible conclusion is that ... を提案している。

be bound to が引き受ける。

(35) "He *must* be at home."
（彼は家にいるに違いない）［論理的必然性（logical necessity）: It is necessarily the case that he is at home.］
  a. "He *can't* be at home."
   （家にいるはずはありません）［(35) に対する応答：以下同断；論理的不可能性（logical impossibility）: It isn't possible that he is at home.］
  b. "He *needn't* be at home."
   （家にいるとは限りません）［論理的必然性の欠如（absence of logical necessity）: It isn't necessarily the case that he is at home.］
  c. "He *mustn't* be at home." (=(35b))［→(39)］

短い返事では法助動詞を機械的に繰り返す傾向がある。(35c) がその例で, (35) の話者が用いた must をオウム返し的に使ってしまったものであろう。(35c) の場合の mustn't は法否定で, He *needn't* be at home. と同じ意味である。ただし, (35c) だけを単独に示されたら, R 用法の「彼は家にいてはいけない」という意味と, P 用法としての (35a) の意味 (It isn't possible that he is at home.) の両義が可能となる［後者の解釈は第 11 章で修正される］。

(36) a. "I wonder if Bill is in his office." "He'*s bound to* be there."
   （「ビルは事務室にいるかしら」「そこにいるのは確実です」）［P 用法；must よりも確信度は強い（G 大）］
  b. The lights are on. Bill *must* be in his office.
   （明りが点いている。ビルは事務室にいるに違いない）［P 用法；is bound to と類似の意味をもつが, 文脈 (=推論の根拠がある, など) によって使い分ける必要がある］

4.2.2. 状態動詞との共起

(37) My forty-year-old son has been paying a psychiatrist $50 an hour every week for two-and-a-half years. He *must* be crazy.

(45歳になる息子は，毎週1時間の診療で精神科医に50ドル払い続けて2年半になります。頭がおかしいに違いありません）［間抜けの発言；論理的必然性］

(38) If you take this pill now, your toothache *should* [*must] be over in an hour.　　　　　　　　　　　　　(Declerck (1991))

（今この薬を飲んだら1時間後には歯痛は治まっているはずです）［述べられている事柄の推論が未来にかかわるときには，must を用いることはできない。未来時のことには必ず何がしかの疑念を感じるからである］

(39) No one answers the phone bell. The Joneses *mustn't* be at home.　　　　　　　　　　　　　　　　　　　　(GL)

（誰も電話に出てこない。ジョーンズさんのうちは留守に違いない）［否定；普通は can't を用いる（→(35c)）］

(40) He *must* know the reason.
   a. 彼にはその理由を知っていることが必要だ。
      [It is necessary for him to know the reason.]
   b. 彼にはその理由をどうしても知ってもらわねばならない。
      [It is necessary that we should let him know the reason.]
   c. 彼はその理由を知りたいといってきかない。
      [He insists on knowing the reason.（以上，R 用法）]
   d. 彼はその理由を知っているに違いない。
      [It is certain that he knows the reason. (P 用法)]
      cf. He *must* come soon, I tell you.　　　　　　　(田桐)
         (i) 彼は，ほんと，きっとすぐ来るよ。

[動作動詞でも P 用法の読みは可能][2]

(ii) 彼は，ほんとうに，すぐに来なければいけない。[R 用法]

4.2.3. 〈be 〜 ing〉との共起

(41) Surely you *must be joking*.
(ご冗談でしょう)

(42) The lock doesn't work; it *must be catching* somewhere. (K)
(錠がきかない。どこかが引っかかっているに違いない)

(43) They *must be finding* it very difficult to live in such a small house.
(彼らがそんなに小さな家で暮らすのは，きっと大変だと思っているはずだ)[RT は発話時と同じ]

4.2.4. 〈have 〜 en〉との共起

少なくとも 5 通りの用法が観察される (R 用法を含む)。

(44) I heard nothing. You *must have been hearing* things. (K)
(ぼくには何も聞こえなかった，君の空耳だったに違いない) = ①

(45) Betsy *must have been being hassled* by the police, and Peter must have (been), too. (安井[1])
(ベッツィーは警察にずっと悩まされているに違いない。そしてピーターもだ)[(助動詞) + (have 〜en) (be 〜ing) (be 〜en) の動詞句構成要素がすべて用いられている] = ①

(46) If the lights were on, they *must have been* at home. (AHD)

---

[2] 原沢 (1980) は，状態動詞であるから「に違いない」という読みになるのではなく，「に違いない」という意味になるからその動詞が無意志動詞 (またはその面をもつ動詞) と判定される，と指摘している：He *must* enjoy confounding his critics. (批評家どもに反論するのを楽しむに違いない)。

（明りが点いていたのなら彼らは家にいたはずだ）[直説法条件文の帰結節の中で（if 節は，その内容が事実であると判断する時に用いる閉鎖条件である）；否定は，he *cannot have been* at home.] = ②

(47) If you had not assisted me, I *must have failed*. (齋藤)
（君が手伝ってくれなかったらきっと失敗しただろう）[過去完了仮定法；must は過去形（I would certainly have failed.）] = ③

(48) In order to qualify for membership one *must have passed* the entrance exam. (K)
（会員資格を得るためには入会試験に合格していなくてはならない）[R 用法；「必要」を表す（One is required to have passed ...）] = ④

(49) I *must have finished* this assignment by the end of the month. (AHD)
（この宿題を月末までには仕上げていなければならない）[再掲] = ⑤

以上，〈must have 〜en〉形の意味用法をまとめると，P 用法として，①過去の事柄についての確信的推定，②直説法条件文の帰結節の中での推定，③過去完了仮定法の帰結節の中での推定，R 用法として，④現在までに出来事がすでに完了していることの必要性，⑤未来のある時点までに出来事がすでに完了していることの必要性，を表すといえる。注目すべき点として，〈have 〜en〉が法助動詞の後に続くと，RT は，通常，発話時よりも前の時間領域を表すが，must の後に続くときは，⑤のように，発話時よりも後の時間領域を指すことがある。なお，must が P 用法の場合，表す法性は発話時点（＝現在）なので，過去の推論を表すには，had to を用いなければならない（→ 15.2.1）。

4.2.5. 否定文・疑問文

話者みずからの確信を相手に尋ねたり，自分の確信を否定したり

するのは理屈に合わないので，must が P 用法の疑問文・否定文で用いられることは，通常，ない (R 用法における疑問文・否定文においては，must は自由に用いることができる)。ただし，否定疑問文はしばしば肯定の意味を含意するので，P 用法に用いられることがある。

(50) *Mustn't* there be another reason for his behavior?

(柏野・内木場 (1991))

(彼の素行には，きっと別の理由があるのではないでしょうか) [形式的には疑問文であるが，機能的には聞き手の注意を喚起する付加疑問のついた文と同じ (There must be another reason for his behavior, *mustn't* there?) なので適格な文である]

(51) *Mustn't* there be a rational explanation for these psychic phenomena? (Declerck (1991))

(これらの心霊現象には，きっと合理的な説明があるのではないでしょうか)

第 5 章

COULD

　過去形の could は，can の基本的な意味を引き継いでいるが，R 用法として直説法の独立節において<u>過去時制</u>として用いられるのは，①否定文，②知覚動詞との共起，③常時的に可能な行為を表す用法，④描出話法 (represented speech) に限られる。P 用法としては，現在／未来の可能性あるいは推量を表し，may, might と同様，肯定の平叙文でも用いることができる（この点が can と異なる）。間接話法の従属節で用いられる場合，時制の一致によって生じる could は can のすべての種類の意味を表すことができる。

5.1.　R 用法

5.1.1.　直説法の独立節もしくは主節の中で
5.1.1.1.　過去における常時的可能
　主語について，その素質としての能力について述べたり，習慣的な行為が常時的に可能だったこと (general ability in the past) を述べたりするときに用いる（「… できたものだ」に近い）。法助動詞は基本的に非事実の含みがあるので（第 1 章），事実が確定している過去の出来事や，達成された行為を表すのには不適当である。ある特定の時の具体的な行為が実現したことを言うときには，could では

なく,[1] was [were] able to を用いる。次を比較されたい。

(1) I *could* swim across the river.
   a. 私にはその川を泳ぎきる力はあった。[*その川を泳いで渡ることができた]
   [直説法 (I had the ability to swim across the river.)]
   b. その川を泳いで渡ることもできるだろう（そうしようと思えば）。[仮定法；if I tried が言外に]

(2) a. I *was able to* swim across the river.
   （その川を泳いで渡ることができた）
   b. I *swam* across the river.
   （その川を泳いで渡った）

(3) I managed to [*could*] be there in time after all.
   （結局そこへは何とか間に合って着けた）[特定の行為]

(4) The boat sank, but as he *could* swim he *was able to* reach the bank safely. (小西)
   （船は沈没したが，彼は泳ぎができたので無事に土手までたどりついた）

(5) The canteen was open all day. We *could* have a drink at any time. (Declerck (1991))
   （食堂は終日営業だったので，いつでも一杯やることができた）[常時的可能は at any time = whenever we wanted to（いつでも）で示されている]

(1) を (2a) の意味で用いることはできない。過去の事柄は既知であるので，単一の行為が可能であったことを示すには，(2b) のように単純過去形を用いればよい。(2a) を managed to, succeeded

---

[1] 過去の特定の時，動的な状況，行為の遂行，肯定という四つの要素すべてがそろったときには，could を用いることはできない。そのうち一つでも欠ける場合は使用可能である (Declerck (1991: 394))。

in で表すと，困難な状況の中で大いに努力を払ったという意味が込められる。

(6) a. I ran after the bus, and *was able to* [*could*] catch it.
    (走ってバスを追いかけて間にあった)
  b. I ran after the bus, but *couldn't* [*wasn't able to*] catch it.
    (バスを追いかけて走ったが間にあわなかった)

(以上, Quirk et al. (1985))

(7) I used to ran fast and *could* always catch the bus.
   (昔は走るのが速くていつもバスに間にあったものだ) [= It was always possible for me to ...]

(8) a. I *could* almost [nearly] reach the branch.
     (ほとんど [もう少しで] 枝に届くところだった)
   b. I *could* reach the branch because it was loaded down.

(Palmer (1979))

   (枝は重さで垂れ下がっていたので届くことができた)

(6b) のように could が否定文で用いられる場合は，上に述べたような制約はない。(6a) の could は冒頭で述べたように，具体的行為について用いると不適格になる。[2] (7) は過去の一定期間における常時的可能を表している。(8a) は出来事が生じなかったことを含意し，(8b) は出来事が実現したとしてもそれは異常な状況だったから，という保留条件つきである。話者の注意の焦点は出来事の実現性（actuality）よりも法性（modality）のほうにある。[3]

---

[2] 次のように適格な例もある：I lifted my arms. I *could* just touch the roof. (両腕を上げた。ようやく天井に届いた)。just (かろうじて) が否定を含意するからであろう。

[3] 来てくれた来客に向かってホストが言う「ようこそいらっしゃいました」は, "I'm so glad you *could* make it." / "I'm so glad you *were able to* come." という (Palmer (1979))。第2文から分かるように第1文の could は実現したこと

5.1.1.2. 知覚動詞／認識動詞との共起

can の場合と同じく，could も知覚動詞／認識動詞（remember, understand など）を従えるが，その効果は知覚動詞の単純過去形を用いた場合と同じである。

(9) I *could smell* that something was wrong.
（どこかおかしい気がした）［＝I smelt ...：比喩的な意味］

(10) I *could feel* his breath on the back of my neck.
（うなじに彼の吐く息を感じた）（K）［＝I felt ...］

(11) a. I *could hear* a door slamming.
（戸がバタンバタンと音を立てているのが聞こえた）［連続的な音の繰り返し：常態的／反復的知覚］

b. *I *could hear* a door slam.
［一度の音（非文の理由→脚注 1）］

c. I *heard* a door slam.
（戸がバタンと閉じるのが聞こえた）［一度限りの瞬間的な音：瞬時的知覚］

(12) I *couldn't remember* who had said that.
（誰がそう言ったのか思い出せなかった）［否定文では could の使用上の制限はない］

5.1.1.3. 過去における許可

ほかの法助動詞と同様，could も「許可」を表すのか「可能」を表すのか，曖昧である。Declerck によれば，独立節においては，現実の過去における時間的拘束を受けない「一般的な許可」を表すという。つまり，具体的な一度の行為について述べるものではない，ということである。

を示す。これは脚注 1 を含め本文で説明した事柄からすれば不適格になるはずだが，立派に通用している。Palmer (1979) も納得できる説明を与えていない。

(13) a. We *could* have breakfast in bed whenever we liked.

(K 大)

(そうしたければいつでもベッドで朝食をとってもよかった)［習慣的な意味］

　　 b. We *could* go to any part of the island we wanted to.

(Sinclair (1990))

(島のどの場所でも好きなところへ行けた)［= We were permitted to go to …］

(14) We *couldn't* keep pets when we lived in a flat.
(アパートに住んでいたときペットを飼ってはいけなかった)［否定］

(15) In those days only the adults *could* talk at table.
(当時，食事中は大人しか口を利いてはならなかった)［only (= nobody except) は否定を含意するので，could は使用可］

(16) Exceptionally, he had permission to [*could] use his father's car. (Declerck (1991))
(めったにないことだが，彼は父親の車を使ってもよかった)［常時的ではない一度の行為］

(17) She asked her boss if she *could* leave at 4 o'clock.
(彼女は4時に退出してよいか上司に尋ねた)［従属節の中では「許可」の意で用いられる could の例は多い］

5.1.1.4. 描出話法

(18) So there was nothing to do but to send to the hills for Christine.
After a while she came, and the steward asked her if she could pluck the apple yonder for the King.
Yes; Christine *could* do that easily enough.

(Howard Pyle, *The Apple of Contentment*)

(そういうわけで，山にいるクリスティーンを呼びにやるよりほか

ありませんでした。しばらくして，クリスティーンが戻ってきました。すると使用人頭は，王さまのために向こうにあるリンゴをもぐことができるかどうか，彼女に尋ねました。「はい，簡単にもぐことができます」）［描出話法；cf. Christine said, "Yes, I *can* do that …"］

5.1.1.5. 疑問文と否定文

Yes-No 疑問文の場合は，過去の特定の行為について尋ねても，その実現は前提とされていないので，could を用いることができる。否定文の場合，明確な否定辞（not）あるいは準否定辞（little, hardly, scarcely, etc.）が用いられる場合は，具体的な一度の行為か習慣的行為かにかかわらず，could を自由に用いることができる。

(19) *Could* he catch the bus?
（彼はバスに間にあった？）

(20) *Couldn't* you persuade her to say yes?
（彼女を説き伏せてイエスと言わせることはできなかったの）

(21) Because of the noise, I *could not* make myself heard.
（騒音のため，私の声は（相手に）聞こえなかった）

(22) He *could scarcely* keep his eyes open.
（彼はとても目を開けていることはできなかった）

(23) She *could only* express her sympathy.   (Declerck (1991))
（彼女は同情心を表すことしかできなかった）［only（＝no more than）は否定を含意］

(24) He *couldn't seem to* remember ever having seen an English gardener otherwise than about to work.
(MEG IV, 22.9(4))
（すぐにも仕事に取り掛かろうとしない英国人の庭師をかつて見たことがあったかどうか，彼にはどうしても思い出せないようだった）
［He seemed not to be able to … (→ p. 27 の脚注1およびそれと

(25) The class of folk that *couldn't use to* make a round O can write their names now. (ibid.)
(以前, マル (O) を描けなかった階級の人間が, 今では自分の名前を書くことができる) [斜字体部=used to be unable to；本例も上と同じく一種の繰り上げ変形の例]

5.1.2. 直説法の文の従属節の中で (時制の一致)
5.1.2.1. 名詞節の中で

(26) You remember you said I *could* use your car? I'd like to take you up on that. (K)
(あなたの車を使ってよいとおっしゃったのを覚えていますか, そのお言葉に甘えたいのですが) ["You can use my car." の間接話法による時制の一致]

(27) She asked me if she *could* have a few minutes alone.
(彼女は私に 2, 3 分の間ひとりにしてもらえないかと言った) ["Can [Could] I have …?" の間接話法]

(28) I told him I c*ould* help him. (Hornby (1956))
(手伝うことができると彼に告げた) [RT は現在・未来いずれの解釈も可]

5.1.2.2. 形容詞節の中で

(29) There was no language that *could* describe my astonishment.
(私の驚きを言い表せる言葉がなかった) [否定文；時制の一致]

(30) Nothing we *could* do was able to halt the decline of these industries. (K)
(私たちの力ではこれらの産業の衰退を阻止することはどうしてもできなかった) [could と was able to を入れ換えることはできない]

5.1.2.3. 副詞節の中で

(31) He grabbed his chance while he *could*. (K)
(機会を逃さずにつかんだ)［以下，時制の一致］

(32) Since no one in the house *could* read, the books in the library sat unread.
(家の者は誰も字が読めなかったので，書庫の本は読まれることなく鎮座していた)

(33) The agony was more than I *could* bear.
(その痛みは私が堪えられないほどだった)［否定を含意；than 節は肯定でなければならない］

(34) They sent her out of the room *so that* they *could* [*might*] talk freely. (K 大)
(彼らは自由に話し合えるように彼女を部屋から出した)［目的節］

(35) I'm surprised you *could* make it. (Declerck (1991))
(君がうまくやれたのは驚きだ)［否定を含意：I can't believe it.］

(36) a. The words slipped out of my mouth *before* I *could* catch myself. (K)
(自分を抑える間もなくひょいと口をすべらせてしまった)

　　b. I hung up *before* he *could* say another word.
(彼にそれ以上言わせずに電話を切った)［上の例と共に before 節の中で could/can が用いられていると，その行為は実現しなかったことを含意する］

　　cf. She catches the perambulator, *before* it *can* fall over again, on her left buttock. (田桐)
(乳母車がまたひっくり返りそうになるのを左側のおしりで危うく受け止める)［非実現の読み；現在時制は脚本のト書や実況放送などで用いられる］

5.1.3. 仮定法の用法
5.1.3.1. R 用法の仮定法：その例とパラフレーズ

仮定法としての could は，can がもつすべての意味を，仮想的な表現としてまた丁寧な（控えめな）表現として表す。一般に仮定法と呼んでいる could の中には，would be possible あるいは would be able to でパラフレーズできるものと，定型表現であるために書き換えると不適切になるものがある（例えば Could you tell me …?）。

(37) *If* I *had* more money, I *could* buy the car.
（もっとお金があればその車を買えるのだが）［過去仮定法（It *would* be possible for me to buy …）］

(38) *If* he *had* not *been* ill, he *could have attended* the meeting.
（あの時病気でなかったなら彼は会合に出席できたのだが）［過去完了仮定法（It *would* have been possible for him to attend …）］

(39) All good sales persons possess four attributes without which they *could* not succeed.
（およそすぐれた販売員には，それがなければ成功がおぼつかないような四つの特性が備わっている）［可能（=without which they *would* not be able to succeed.）］

(40) I wonder if I *could* leave a message for her.
（彼女にメッセージを残してよいかしら）［許可（=if it *would* be permissible for me to leave …）］

(41) a. "*Could* I use your phone?" "Yes, of course you *can* [*could]." (Swan (1980))
（「電話をお借りしてもいいですか」「ええ，どうぞ」）［許可を与える場合には通例 could は用いない］

b. "*Could* I give your name as a referee?" "You *could* indeed." (Coates (1983))
（「身元保証人としてあなたのお名前を挙げてもいいですか」「もちろんです」）［返答の仕方は (41a) の反例（=*Would* it be per-

missible for me to give …?)]

(42) I *could* swim all the way across the lake.

(Quirk et al. (1985))

 a. (やろうと思えば) 湖の対岸まで泳いで渡ることはできるだろう。[仮定法：It *would* be possible for me to swim …]

 b. 湖の対岸まで泳いで渡る能力があった。[直説法：I *had* the ability [*I was able] to swim … (→ 5.1.1.1)]

(43) a. I *could* lift heavier weights if I tried.

(やってみればもっと重い物を持ち上げられるかもしれません)[行為の実現は仮想されたもの (It *would* be possible for me to …]

 b. I *would be able to* [*could*] lift heavier weights if I weren't injured. (Declerck (1991))

(怪我をしていなければもっと重い物を持ち上げることができるかもしれません)[出来事ではなく能力そのものが仮想の対照とされている；(43a) とは異なる点に注意]

パラフレーズで would を用いてあるのは，仮定法であることを示すためである。(39) では without which が，訳文からも分かるように，条件節の役目をしている。(41a) において応答者が could を用いると，しぶしぶ承諾を与える感じになるので can を用いるほうが相応しいだろう。とはいえ，コーパスから得られた用例の中には could が用いられている例もある ((41b))。条件を示さないで用いられる仮定法は，概して，控えめ・婉曲・丁寧な表現になる。(40), (41a, b) の could には話者の遠慮した気持ちが表れている。

5.1.3.2. 示唆・提案／指示・命令 (suggestion/instruction)

許可は示唆したり提案したりする機能を持つようになり，指示・命令の意味へと，さらには，疑問文で用いて依頼の意味へと分化していく。以下も仮定法としての could の用法であり，could が未来

指向的であることは，R用法の特徴といえるかもしれない。

(44) I *could* lend you my car, if that would [will] help.

(Declerck (1991))

(お役に立つのでしたら車をお貸しできますが)[申し出：will を用いた場合よりも控えめな言い方]

(45) You *could* take the car tomorrow if it's raining.

(明朝雨が降っているようなら車に乗って行っていいですよ)[示唆]

(46) You *could* check the vocabulary at the back perhaps.

(Hughes (1983))

(用語リストは巻末で調べなさい)[perhaps, I think などと共に用いて穏やかな命令・指示(場合によっては提案)を表す]

(47) He *could* [*might*] mind his own business. (Declerck (1991))

(あいつ自分のお節介を焼いたらいいのに(→他人のことに口出しするのをやめてもらいたいものだ))[不平・非難を表す；以上の用法の肯定文では多くの場合 might と交換可能である]

(48) *Couldn't* we say this in a simpler way? (Hughes (1983))

(これはもっと簡単に言えるのではないの)[教師が生徒に paternal 'we'[4] を用いて提案している]

(49) *Could* I carry your suitcase for you?

(スーツケースをお運びしましょうか)[申し出]

(50) I'm sorry, but *could* I please have your name again?

(すみません，お名前をもう一度おっしゃっていただけませんか)
[丁寧な依頼]

(51) a. *Could* you give me a cup of coffee?

---

[4] paternal 'we' (親心の 'we') とは，親が子に，教師が生徒に，医者が患者に向かって，you の代わりに用いる we をいう。話し手が聞き手と同等・一体であるということを表そうとする複数形で，話し手の聞き手に対する思いやり・愛情・親しみが込められている：Oh, dear, *we*'ve lost *our* little ball, haven't *we*, Johnny? (まあ，ボールが見えなくなっちゃったね，ジョニー)(安井[2])

(コーヒーを一杯いただけませんか)

b. Give me a cup of coffee, *could* [*couldn't/can/can't/will/won't/would*] you?

(同上) [付加疑問に生じることのできる法助動詞は, 依頼表現 (Mod(n't) + you ...?) で用いることが可能なものに限る]

5.1.3.3. 仮定法の could を含む慣用句

(52) a. I *could do with* a cool drink.

(冷たいビールも悪くない [が飲みたい])

b. The garden *could do with* a rain shower or two.

(庭はちょっとおしめりがあれば十分なのだが)

(53) We just *couldn't do without* our video now. (以上, K)

(ビデオなしではもうやってはいけない)

(54) *Could* you *use* some help? (Matreyek (1983))

(なにか手伝いましょうか) [= Is there anything you need help with? (could use = need)]

(55) a. "I'm exhausted." "*You could have fooled* me!" (K)

((米口))「くたくただよ」「その手には乗らないよ」[←もう少しでだまされるところだった])

b. I *could have struck* him down. (西尾 (1984))

(あいつをなぐり倒したかった) [〈could have 〜en〉「もう少しで〜するところだった/〜したいくらいだった」の意]

cf. I *couldn't well* refuse the girl's request. (GL)

(その少女の願いをどうしても断れなかった) [直説法; well = with good reason]

5.1.4. could の解釈の曖昧性

could もほかの法助動詞と同様, 文脈が与えられなければ曖昧な解釈を許す。

(56) How *could* they risk crossing the world's greatest ocean?
   a. 彼らが世界最大の海洋を横断するという危険を冒すことなどどうしてできたのだろうか。[直説法過去]
   b. 彼らが世界最大の海洋を横断するという危険を冒すことなど，一体どうしてできようか。[過去仮定法：How can they risk …? の婉曲表現]
   c. 彼らが世界最大の海洋を横断するという危険を冒すことなどどうしてできようか（と彼女は思った）。[描出話法における過去時を表す；could ← She wondered, "How can [could] they risk ...?"]

5.2. P用法

5.2.1. 可能性

could の後に状態動詞が続く場合，通常，命題が成立する「可能性」を表す。〈be ～ing〉形，〈have ～en〉形は動作・行為を状態化するので，それらの要素が後続するときの法助動詞はまず P 用法とみなしてよい。could が動詞の原形と共起すれば発話時もしくは未来の出来事を，〈be ～ing〉形と共起すれば発話時と同時の出来事を，〈have ～en〉形と共起すれば発話時以前の想像上の出来事を表す。この用法の could は多くの場合，may, might で置き換えることができる。can の章で見たとおり，一部は「推量」を表すとも解される。

5.2.1.1. 現在・未来の可能性

(57) You *could* be right, but I don't think you are. (Swan (1980))
   （君は正しいかもしれないが僕にはそうとは思えない）[It is possible that you would be right.]

(58) Don't eat it. It *could* be a toadstool.　　　(Sinclair (1990))

(食べちゃだめ，毒キノコかもしれないよ)

(59) From the looks of those clouds, it *could* rain any moment. (J)

(あの雲の様子では今にも雨になりそうだ) [未来 (It is possible that it would rain …)]

(60) He *could be telling* lies. (GL)

(彼はひょっとして嘘を言っているとも考えられる) [= It is possible that he would be telling lies.] [Coates (1983) は, could は ⟨be 〜ing⟩ と結びつかないとしているが，ウェブサイトではときどき見かける形式である：Your old GPS *could be telling* your secrets. (君の古くさい GPS では秘密が漏れているかもしれないよ)]

(61) If there's a sharp frost tonight, we *could* [*may, might*] be able to go skating tomorrow. (Declerck (1991))

(もし今夜寒さが厳しかったら明日スケートに行けるかもしれない)

⟨may … but⟩ という相関表現がある。may の代わりに (57) では could が用いられている。「可能性」を表す could はほとんどの文脈で may と変わらないと言える。

5.2.1.2. ⟨have 〜 en⟩ との共起

発話時 = ST, 命題が指示している時 = RT とすると, 見出しの相表現が用いられた文においては, RT は ST より先行するので, RT > ST の関係が成り立つ。この形式と could が共起すると, 少なくとも 7 種類の異なった意味解釈ができる。有生主語／無生主語の違いによって, 異なったパラフレーズが与えられている点に注目してほしい。

(62) He asked me sharply how I *could have forgotten* our date. (K)

(一体どうしてデートを忘れてしまうなんてことがありえたのか, 彼は鋭く私に問いただした) [① R 用法； もとの How *can* you *have forgotten* our date? (よくも忘れることができたものだね) が時制の一致により could となったもの (後者の文 = How is it possible for you to have forgotten …?)]

(63) In those days a village *could have been* cut off from the world for several days before any help arrived.

(Declerck (1991))

(当時, 村落は何らかの支援が届くまで数日間孤立することがあった) [② R 用法: 過去の事柄について論理的可能性があったことを表す: It was possible for a village to have been cut off …] / cf. John *couldn't have* not *been* listening, could he? (安井[1]) (ジョンが聴いていなかったということはあり得ないだろうね) [n't は述べられている事柄の蓋然性を否定 (=法否定) している。2番目の not は動詞句 (been listening) を否定 (=構成素否定) している (It was not possible for John not to have been listening …)]]

(64) Your illness *could have been* produced by overwork. (K)

(あなたの病気は過労によるものであったかもしれない) [③ P 用法; may have been の控えめな表現で, might have been も可 (= It is just possible that your illness has been [was] produced …)] / cf. He *couldn't* [*can't*] *have seen* us yesterday. (Declerck (1991)) (彼が昨日私たちの姿を見たなんてことはないでしょう [ないはずだ]) [否定文: can't の遠隔形 (remote form) で遠慮した言い方 (It would not be [is not] possible that he saw us yesterday.)]

(65) Perhaps we should have taken another road. It *could* [*might*] *have been* quicker.

(たぶん別の道を行くべきだったのだ。そうすればもっと早く着けただろうに) [④ P 用法; 過去完了仮定法 (= Perhaps it would have been quicker if we had taken …)]

(66) a. The poetry looks so modern. It *could have been* written yesterday.   (Declerck (1991))

(その詩は非常に斬新だ。昨日書かれたといってもよいほどだ)

[⑤ R 用法；過去完了仮定法（＝It would have been possible for it to have been written yesterday.; It looks as if it had been written yesterday.)]（→第6章 (39)）

    b. They *could have passed* for sisters. (K)

(二人は姉妹といっても通ったかもしれない（ほど似ていた))

[同上：There was a possibility that they would have passed for sisters, but they didn't.]

(67) He *could have escaped*, but he chose to stand and fight.

(LDCE)

(彼は逃げることもできたが，踏みとどまって戦うことにした) [⑥ R 用法；過去完了仮定法：He would have been able to escape, but ...]

(68) How *could* I *have left* her without a word? She is dead; she has left us for ever. (吉川 (1957))

(一体どうして私はあのとき一言も言わずに彼女と別れたのだろうか。彼女は死んでしまった。永久にわれわれから去ってしまったのだ) [⑦ R 用法 (How was it possible for me to have left her ...?) (62)の場合は従属節，本例は独立節の過去時制]

5.2.2. 否定文における比較級との共起

否定文の中で，could と（形容詞・副詞の）比較級が共起すると最上級の意味になる。

(69) I *couldn't* be *happier*. (Sinclair (1990))

(今が最高に幸せです)

(70) "I hope you're completely well now." "I *couldn't* be *better*."

(「もうすっかり良くなったのならいいのだけど」「今が最高です」)

[以上，形容詞の比較級]

(71) You *could* have done *no better*.

(そうしたのがいちばんよかった,あれ以上は望めなかった)

(72) He *could hardly* have felt *more* ashamed of himself.

(Sinclair (1990))

(その時ほど恥ずかしい思いをしたことはなかった)[以上,副詞]

cf. (i) Writing to your parents is *the least* you *could* have done. (K)

(せめて両親に手紙を書くことくらいはできたろうに)

[cf. The least you can do is to write to your parents.
(せめて両親に手紙くらいは書かなくてはいけない);
以下の例と共に肯定文]

(ii) "How are you, Ted?" "Things *could be worse*. And you?"

(「テッド,調子はどうだい?」「まあまあだね,きみは?」)[直訳は,現状よりも悪い事態もあり得るが,の意 (= My state is not as bad as it might be.) [as it might be → 6.2.1(42)]]

第6章

MIGHT

　この助動詞は may の過去形であるから，その用法を過去時に平行移動して適用すればよい，という具合にはいかない。そもそも might には，時制の一致によって自動的に過去の意味を持たせられる以外，独立節においてはほとんどの例が現在の意味である。すなわち，仮定法としての用法である。以下の例で見るように，might はもっぱら発話時点（＝現在）における話者の tentative な気持ちを表すために用いられる。ここで tentative というのは，話者が発言内容に対して確信を持てず，何らかの条件付きで発話している［したい］という思いを持っているということである。R／P 用法の判別をつけ難いものが多い。

はじめに

　米国南部では，

(1)　We *might could* park over there.
　　　（もしかするとあそこに駐車できるかもしれない）

という言い方が，受けた教育の程度の如何にかかわらず，ほとんどあらゆる階層の人々によって日常的に使われている。地域方言 (dialect) としては誰も非文法的とは思っていない。二つの助動詞の組

み合わせは、上記以外にも、might would, might can（頻度は少ないが、may can, may will, might should, etc.）なども用いられる。いわゆる double modals である（AHD の解説による）。

上に挙げた結合されている助動詞の順序において、might/may が初めに来ているのは示唆に富んでいる。すなわち、話者の心的態度を表すといわれる法助動詞の中でも might がその代表格であり、その機能は might に続く動詞部分の叙述性を弱めること、言い換えれば断言を避けることのようである。以下、might の主な用法とその意味解釈を探る。

6.1. R 用法

冒頭で述べたとおり、might を、過去時に下した許可、すなわち「〜してもよかった」という意味で、直説法の独立節・主節の中で用いる例 (2)–(5) は極めてまれである。

6.1.1. 直説法の独立節で（may の過去形として）：許可・可能

(2) The students *might* leave camp when they wished. （G 大）
(学生は希望すればキャンプを離れることができた）[could, were allowed to を用いるのが普通]

(3) No one but the Duke *might* build castles. （Palmer (1979)）
(その公爵以外の何人(なんぴと)も城の建設は許されなかった）

(4) When the weather was good we *might* go for a swim in the lake. （Declerck (1991)）
(天候がよければ湖へ泳ぎに行くこともあった）[過去の習慣；would の代わり (alternative) として用いられる (=would perhaps)]

(5) In those days we *might* go for a walk through the woods.
（Palmer (1979)）

(その当時われわれは森を抜けて散歩することがよくあった)[同上]

6.1.2. 直説法の文の従属節の中で

許可以外の意味でも用いられる用例を含める。すべてが時制の一致の例である。

6.1.2.1. 名詞節の中で

(6) She told him yesterday he *might* not go on the trip.
 (きのう彼女は彼に，旅行に行ってはいけないと言った)[許可；might の代わりに could も可]

(7) When I asked him if I *might* leave, he said I *might* not.

(R 大)

(帰ってもいいかと彼に聞いたら，駄目だという返事だった)[許可；両方とも名詞節]

(8) He said she *might* come. [補文が3通り (a)-(c) に曖昧]
 a. He said to her, "*You may come.*"
 [許可；(来てもよろしい) の間接話法で R 用法 (You are allowed to come.)]
 b. He said, "*She may come.*"
 [蓋然性；(彼女は来るかもしれない) の間接話法で P 用法 (It is likely [probable] that she will come.)]
 c. He said, "*She might come.*"
 [可能性；(彼女はひょっとすると来るかもしれない) の間接話法で P 用法 (It is perhaps possible that she will come.)]

6.1.2.2. 形容詞節の中で

(9) He was prepared for anything that *might* happen.   (GL)
 (彼は起こりそうなどんなことにも覚悟ができていた)[可能性]

6.1.2.3. 副詞節の中で

(10) No one listened to him, whatever he *might* say.　　(GL)
(彼が何と言おうと誰も彼に耳を貸さなかった)［容認・譲歩の節］

(11) She turned away *so that* no one *might* see that her eyes were filled with tears.　　(R 大)
(彼女は涙があふれそうになっているのを誰にも見られないように顔をそむけた)［可能；目的節→ may (3.2.4.3)］

(12) She was worried that we *might* get hurt.　　(LDCE)
(私たちが怪我をするのではないかと彼女は心配した)［不安・希望などを表す主節に伴って；以上，すべて時制の一致］

6.1.3. 仮定法の用法

(13) You knew the answer. You *might have told* me.　　(G 大)
(君は答えを知っていたんだ。ぼくに言ってくれてもよかったのに)
［= It would have been possible for you to …］

(14) You *could* [*would be allowed to*; *might] leave the country if you had a passport.　　(Declerck (1991))
(もしパスポートを持っていれば出国ができるのに［許可されるのに］)［= It would be possible for you to leave …；might は仮想条件において許可の意味（= R 用法）では用いられない］

(15) We don't know what he *might* do in the extremes of distress.　　(K)
(その極端な苦境の中で彼が何をしでかすかわかったものではない)
［可能性：P 用法］

6.1.4. 控えめ・丁寧・皮肉な表現として

　行為が可能であることを示唆することによって，以下に仕分けたような意味または機能を表す。心的態度を表すといわれる法助動詞の中で真骨頂ともいうべき用法である。

6.1.4.1. 許可・容認

(16)　*Might* I see you for a few minutes, please?
　　　(2, 3分ほどお目にかかれないでしょうか)［may よりも丁寧；疑問文で用いられる might は 100%「許可」の意味であるが，時には丁寧さの度が過ぎて卑屈なひびきを与えるので要注意］

(17)　I wonder if I *might* [*could*] borrow your pen.
　　　(ペンを貸していただけないでしょうか)［if 節は間接疑問文］

(18)　"Dou you want to turn in now?" "Well, it's almost three, I should think I *might*."　　　　　　　　　　　　　　(田桐)
　　　(「もうお休みになるの」「だって，もうかれこれ3時だからね，寝たっていいだろうさ」)［自分自身に与える許可；I should think (→ 7.4.1)］

(19)　You *might* think rubber is a kind of plastic.
　　　(ゴムは一種のプラスティックとも考えられる)［容認］

(20)　You *might* say that the plan is not good.
　　　(その計画は好ましくないといっても差支えないでしょう)［say や add, ask, call などの動詞と共に］［容認］

6.1.4.2. 依頼・軽い命令

(21)　You *might* help me with this bag, will you?　　　　(K)
　　　(バッグを持ってくださらないかしら)［付加疑問がなければ「バッグを持ってくれてもいいのに」という苛立った気持ちの解釈になりやすい］

(22)　You *might* post this letter for me.　　　　　　　　(西尾)
　　　(この手紙を投かんしてくれない？)［依頼：この文が直接話法の被伝達部であるとしたら (He said, "You *might* post this letter for me."), その間接話法は次のようになるだろう：He asked me to post that letter for him.］

(23)　You *might as well* copy this straight off the board.

(Hughes (1983))

(黒板からそのまま書き写したほうがいいですよ) [教師が生徒に；6.1.5 節を参照]

6.1.4.3. 非難・不満

(24) You *might* offer to go.
(行ってあげましょうと言ってくれてもいいのに)

(25) Honestly, you *might have told* me! (OALD)
(本当に，僕に言ってくれてもよかったのに！) [It would have been possible for you to tell me.]

6.1.5. might を含む慣用句

(26) *Might* it (not) be (*just*) *as well* to send a telegram?
(Close (1975))
(電報を打ったほうがいいのではないですか) [might [may] as well の疑問文・否定文はないが，本例はその例外]

(27) *Try as I might,* I couldn't work out the answer. (LDCE)
(どんなに懸命になってやってみても答えを考え出せなかった) [譲歩 (= although I tried hard)]

(28) "What do they hope to achieve?" "You *might well* ask."
(LDCE)
(「彼らは何を成し遂げたいと思っているの」「お尋ねになるのも無理はない [ごもっとも]」)

(29) You *might as well* throw your money into the sea *as* lend it to him. (COD)
(彼にお金を貸すのは海に投げ捨てるようなものだ／彼に金を貸すくらいなら海の中に投げ捨てたほうがいい) [as well = with equal reason (同じ程度の根拠・道理をもって)]

(30) A: Here comes a bus. We *might as well* take it.

B: Yes, we *might as well*.

C: You*'d better* walk. (Close (1981: §268))

(「バスが来た。あれに乗ろうよ」「悪くないね」「歩いたほうがいいよ」)[A＝提案；B＝同意；C＝助言]

(31) They have dispersed and you *might as well* look for a star in the Milky Way. (吉川 (1957))

(それらは散逸してしまって，探すのは天の川の中に一つの星を探すようなものだ)[上のいくつかの例では well＝with equal effect (AHD) の意味であろう。何とくらべて equal かといえば，相関表現 (as ... as) の後の部分の表現されていない as not，つまり「しないこと」である]

(32) She reached and reached, but she *might as well* have reached for the moon.

(彼女は手をしきりに伸ばしたが，月に向かって手を伸ばしているようなものだった)[木になっている果実を取ろうとしている様子；reach for the moon＝cry for the moon (得られないものを欲しがる，不可能なことを望む)；〈have ～en〉と共起]

(33) "This lecture is awfully boring. We *might* (*just*) *as well not* have come at all." "Yes, we *might* (*just*) *as well* have read the text at home. We would not have missed anything." (Declerck (1991))

(「この講義はひどく退屈だ。来ないほうがよかった」「うん，家で教科書を読んでいたほうがよかったよ。(講義を聞かなくても) 何か学び損なったなんて思わなかっただろう」)[最初の否定辞の位置に注意：後続の不定詞を否定]

(34) *It might be a good idea if* you wrote [for you to write] this down. (Hughes (1983))

(これは (ノートに) 書き取ったらいいですよ)[提案；本例は P 用法]

6.2. P 用法

　話者が命題についてその成立の「可能性」を判断したり，発話内容に対して遠慮がちに推量しているという気持ちを伝えたりする用法である。今日では，話者のそのような控えめな気持ちを明確に示さずに，単なる「可能性」を表す may（現在形）の代わりとして用いられる傾向にある。これらの用法，つまり，過去形であるのに現在・未来の意味を表す用法は，すべて subjunctive mood（仮定法＝叙想法＝Thought Mood）とみなせる。

6.2.1. 条件節を欠く場合
6.2.1.1. 現在または未来の可能性

(35)　He *might* be rich *but* he's not refined.
　　　（彼は金持ち［*だった］かもしれないが洗練されていない）［ある辞書は asterisk のついた訳を充てているが，P 用法で過去の意味を担えるのは描出話法の場合か，あるいは〈might have ～en〉形式のときだけである］

(36)　He *might be waiting* at the station.
　　　（彼はいま駅で待っているかもしれない）［発話時（ST）は現在であり，出来事の時間域を示す指示時（RT）は発話時（ST）と同じである；(cf. It *is* possible that he *is* waiting …)］
　　cf.　He *might be waiting* at the station when we arrive.
　　　　（私たちが駅に着いたら彼は待っているかもしれない）［指示時（RT）＝未来時：ST ＞ RT (cf. It *is* possible that he *will* be waiting …)］

(37)　The conclusion *might or might not* [*may or may not*, **could or could not*] be correct.
　　　（その結論は正しいかもしれないし，そうでないかもしれない）

(38)　a.　Well, we *might* [*could*, *may*, *can] have better luck next

time.   (Declerck (1991))
(でも，この次はもっと運がいいかもしれないよ) [肯定文では，通常，can を P 用法で用いることはない]

b. "*Might* he help us?" "There is no chance of that, I'm afraid."   (K)
(彼は私たちを助けてくれるだろうか」「それはないと思うよ」) [might/may は通常疑問文では用いられない；cf. Where could [*might*, *may*, (*can*)] she *have hidden* the bottle? (Declerck (1991)) (瓶をいったいどこに隠したのだろう)]

(39) He is very frugal—one *might* almost say stingy.   (西尾)
(彼は大の節約家だ。けちん坊と言ってもよいくらいだ) [容認 (とも解せる R 用法の仮定法)；以上，独立節]

(40) He thought that this *might* be the last time he would see her.
(これが彼女と会う最後かもしれないと彼は思った) [名詞節；直説法 (時制の一致)]

(41) She's married to a man that *might* be her father.   (GL)
(彼は父親と言ってもよさそうな (ほどの年齢の) 男と結婚している) [形容詞節；仮定法]

(42) This book is not as well known as it *might* be.   (GL)
(この本はもっと評判になってもよさそうなのに (それほど知られていない)) [副詞節；仮定法]

6.2.1.2. 過去の可能性

(43) a. "Poly *is* very late." "She *may have missed* her train."
(「ポリーは遅いね」「電車に乗り遅れたのかもしれないよ」)

b. "What do you think that noise *was*?" "It *might have been* a cat."
(「あの音は何だったと思う？」「猫だったかもしれない」)

(以上，Swan (1980: §377))

(43a) では，第1話者は現在の状態を事実として述べたものであるから，第2話者が現在形 (may) で答えたのはごく自然なことである。双方とも意識の中心は現在である。これに対して，(43b) では，第1話者は補文で過去形 (was) を用いている。主節では現在時制 (*do* you think) が用いられているにしても，実質は "What *was* that noise?" と尋ねているのである。このとき，「時」に関する第1話者の関心は過去時にあり，第2話者もそれに合わせて過去形 (might) を用いている。ただし，この場合でも話者の判断は発話時 (=現在) である。

(44) Perhaps we should have taken the other road. It *might have been* quicker.
(たぶんもう一方の道を行くべきだったんだ。そのほうがもっと早く着けたかもしれない) [過去完了仮定法；再掲]

(45) Coming back, he found the old town so little changed that he *might have left* it only the day before.　　　　　(GL)
(戻ってみると，町は彼が出て行ったのが昨日のことであるかのように，ほとんど元のままであった) [副詞節]

(46) Her little cottage was found in perfect order, left as if she *might have been going* away on a journey.
(R. M. Alden, *The Bag of Smiles*)
(彼女の小さな小屋は，まるで旅行中で留守にしているかのように，すっかりきちんと片づいていた) [副詞節]

(47) He had marred at its outset what *might have been* a brilliant career.　　　　　(Jespersen (1951))
(彼は華々しい経歴になり得たものを，そのスタートのところで損ねてしまったのだ) [名詞節；had marred は，「のだ（った）」と訳せる確認的断言を表す完了形の例]

6.2.2. 条件節（**if** 節）と共に

以下の二種の仮定法の帰結節で用いられる。

6.2.2.1. 過去仮定法

(48) If you invited him he *might* come.
(あなたが誘えば彼は来るかもしれない)
 cf. I should be much obliged if I *might* have a few words with you. (GL)
(ちょっとお耳を拝借できれば大変ありがたいのですが)［条件節の中で；R 用法］

(49) a. If you tried again you *might* succeed.
(Thomson and Martinet (1988))
(もう一度やってみたらうまくいくかもしれないよ)［possible result である (= it would be *possible* for you to succeed)］
 b. If you tried again you *would* succeed. (ibid.)
(もう一度やってみたらうまくいくでしょう)［certain result である (= It is predictable that you would succeed.)；P 用法］

(50) I wish I *might* tell you the truth.
(本当のことを言ってあげられるといいんだが)［R 用法］

6.2.2.2. 過去完了仮定法

(51) If we had found him earlier we *might* [*could*] *have saved* his life.
(もっと早く彼を発見していたら命を救えたかもしれないのに)

仮定法を用いた文のパラフレーズは，できれば避けて通りたい難物である。これまで採用してきた書き換えの原則を適用して，上の文の主節を，次のように書き換えてみる：It *would have been* possible for us to save his life.［R 用法］/ It is possible that we *would have saved* his life. [P 用法]

(52) If he *had taken* his doctor's advice, he *might* still be alive.
(西尾)
(彼があのとき医者の忠告を受け入れていたら、今も生きていたかもしれない) [過去の事実に反することを条件節で提示し、現在の帰結を述べる言い方；if 節が過去完了仮定法(=過去について述べる)、帰結節が過去仮定法(=現在について述べる)で、通常の照応とはずれている]

(53) He *might have been* killed.　　　　(Chalker (1984: 6.19))
　a. 彼は殺されたのかもしれない。
　　[might = may ; theoretical assumption about possibilities in past (過去における可能性についての理論的推定)]
　b. 彼は(事によると)殺されたことだろう。
　　[過去完了仮定法；hypothetical past possibilities (過去の可能性についての仮想)]

第 7 章

SHOULD

　should の原義は道理上の「当然」である。そこから「義務」の意味が生じた。この義務を道徳・法律の点から他者が負うと解釈されれば、話者の側からの「指示」を表明したり、「正当な手続き」を要求したりする場合に用いられるし、他方では話者の主観性の強い「提案・助言・忠告」の表明としても用いられる（= R 用法）。[1] その義務をある出来事が負うと解釈されれば、論理的当然を表す「（当然）… のはず」という意味になる（= P 用法）。「当然」だとはいっても、人間世界のことは不確実なので、「期待」を含意する表現の中でも用いられる。should の意味・用法は多様であるから、もちろん、それらの意味だけでカバーしきれるものではないし、R／P 用法の同定が難しいものもある。

7.1. R 用法

7.1.1. 義務・当然

　R 用法で用いられる should は、多くの場合、主語の「義務」を表す。一般に、法助動詞と共起する ⟨have 〜en⟩、⟨be 〜ing⟩ は P

---

[1] パラフレーズとして、I advise you to / It's advisable [desirable] for ... to / I suggest that などが考えられる。

用法に生じやすいが,should の場合は R 用法にも現れることが見てとれる。

(1) Brothers *should* not quarrel.
 (兄弟げんかはすべきでない)
(2) *Should* I try to talk with him about it again?
 (Matreyek (1983))
 (そのことについてもう一度彼と話し合ってみるべきでしょうか)[聞き手に助言を求めている (Is it advisable for me to try …?)]
(3) *Shouldn't* we at least give her a chance?
 (彼女にはせめてチャンスを与えるべきではないですか)[否定疑問は強い提案を表す]
(4) Passengers *should* proceed to Gate 12. (LDCE)
 (乗客の皆さまは 12 番ゲートにお進みください)
(5) If you have something that you don't want anyone to know, maybe you *shouldn't be doing* it in the first place.
 (scroogled.com)
 (誰にも知られたくないことが何かあるのでしたら,そもそも E メールをやらないことでしょうね)[E メールについて述べたもの;現在のあるべき状態について言及しており,相表現は語調を和らげる効果をもつ]
(6) The goods *should have been* handled with greater care.
 (柏野・内木場 (1991))
 (商品はもっと注意深く取り扱うべきでしたのに)[過去の義務について;後述のノニ用法]
(7) By the age of sixteen anybody who is going to be an academic *should have done* their general reading.
 (Coates (1983))
 (学者を志す人は,一般的な読書は 16 歳までに終えてしまっていなければならない)[ノニ用法ではない]

問題は,否定文の場合の否定辞 not の焦点は何か,という点である。「義務」を表す should の否定文は外部否定,内部否定のいずれも可能であり,意味に違いは生じない。(1)を例にとると,次のようにパラフレーズできる:It is *not* advisable for brothers to quarrel. [命題外否定＝法否定] / It is advisable for brothers *not* to quarrel. [命題内否定＝命題否定]。

7.1.2. 直説法の文の従属節の中で

(8) He said that he *should* get well before long. (GL)
(自分は間もなくよくなるだろうと彼は言った)[He said, "I *shall* get well before long." の間接話法における時制の一致; 本例は P 用法]

(9) A blonde ordered a pizza and the clerk asked if he *should* cut it in six or twelve pieces. "Six, please. I could never eat twelve pieces," she answered.
(ブロンド女がピザを注文した。店員は6つに切りましょうか,それとも 12 に切りましょうかと尋ねた。彼女の答え:「6 切れにお願いします。12 切れはとても食べられません」)[直接話法の疑問文は,"Shall [Should] I cut it in six or …?"][以上,名詞節]

(10) In one case a gun incident that was so serious it *should have been* entered onto the database within a week was not actually recorded until more than four months later.

(telegraph.co.uk/news)

(一つの事例では,ある銃の事故が非常に深刻だったので1週間以内にデータベースに登録すべきだったのに,実際に記録されたのは4か月以上たってからであった)[形容詞節;ノニ用法]

(11) He came in quietly in order that he *shouldn't* wake his wife. (Swan (1980))
(彼は妻を起こさないように静かに部屋に入った)[副詞節]

7.1.3. 慣用表現（副詞節）

should は lest/in case/for fear など，不安・心配の意味を表す節の中で用いられることがある。

7.1.3.1. for fear / lest（～しないように）

(12) I went out in disguise, *for fear* (*that*) someone *should* [*might*] recognize me.
（誰かに正体を見破られてはまずいので変装して出かけた）

(13) He kept his notes by his side *lest* faulty memory (*should*) lead him astray. (以上，R 大)
（当てにならぬ記憶のため間違いをしないようにと，彼は覚え書きをいつもわきに置いていた）[古風な表現]

(14) He was put in a cell with no clothes and shoes *lest* he injure himself. (Sinclair (1990))
（彼は自傷行為に及ばないよう素っ裸のままで独房に入れられた）[lest の後に原形仮定法（＝動詞の原形）が用いられている；(16) の注を参照]

7.1.3.2. in case（... だといけないので，... の場合に備えて）

(15) He was nervous *in case* anything *should* go wrong.
（何かがうまく行かないのではないかと彼は心配だった）

(16) Take your umbrella *in case* it *should* rain [rains].
（雨が降るといけないから，傘を持って行きなさい）[in case のあとに使われる動詞は本例のように① should を用いるか，②直説法現在にするか，（次例のように）③過去仮定法を用いる]

(17) He dragged the body to one side *in case* the key *were* underneath it. (田桐)
（かぎが下に隠れているのではないかと思って死体をどけてみた）

(18) *In case* you *should* need any help, here's my number.

(OALD)

(もし助けが必要ならこれが私の電話番号です)

7.1.3.3. if 節の中で (「もし万一 ... なら」という意味を表す)

(19) *If* I *should* fail this time, I would try again.
(もし今度万一落第したら，もう一度やってみるつもりだ) [未来の万一]

(20) *If* this report *should* be true, I would give my head.
(もし万一このうわさが (本当とは思われないが) 本当なら，首をやる) [現在の万一]

(21) *If* he *should have arrived*, they ought to send me word.
(彼は (着いているはずはないが) もし万一着いていたら，そう言ってよこすはずだ) [過去の万一]　　　　　　　　　　　(以上，齋藤)

(22) *Should* you need any help (＝if you need any help), you can always phone me at the office.　　　　(LDCE)
(何か助けが必要なら，いつでも事務所のほうへお電話ください) [if を省略した倒置法]

(23) If it *should* rain tomorrow, don't come [I will not come / I'm prepared for it / I have planned something else].
　　　　　　　　　　　　　　　　　　　　　　　　　(井上・西尾)
(明日雨なら来てはいけません [行きません／その準備はしてあります／別のものを計画してあります])

将来生じる可能性のうすい「不確実」な事柄を表す上のような条件節は，直説法現在を用いる場合よりも改まった言い方である (Sinclair (1990: §8.33))。なお，この if 節に対する帰結節の叙法は，(19)-(23) に見るとおり自由である。

7.1.4. if 節と共起する主節の中で

条件節が，その内容の真偽について，あるいはその実現について

何ら断定がなされないことを表す開放条件の時には，帰結節で用いられる should は，R 用法では「義務」の意味を，P 用法では「推量・蓋然性」などを表す。

(24) *If* you drink, you *should* do so within sensible limits. (K)
（酒を飲むなら節度をわきまえて飲むべきだ）［R 用法］
(25) If the farmers can get continuous sunshine, they *should* have a satisfactory harvest. (K 大)
（好天気が続けば，農夫は満足な収穫がきっと得られよう）［P 用法］
(26) *If* anyone knows how to prosper in this business, it *should* be you. (K)
（この商売でうまくやる方法を知っている人がいるとすれば，それは当然あなたです）［P 用法］

Coates (1983) によると，should が R 用法で用いられる場合，有生主語が動作動詞を伴い，改まった書き言葉に現れることが多く，P 用法の場合は，should は無生主語が状態動詞と共起して，くつろいだ話し言葉，または私的な手紙や日記などで多く見られるという。

7.1.5. 曖昧な文

次は，一つの表現が R／P 用法いずれにも解釈できる例である。

(27) What do you mean there are only ten tickets? There *should* be twelve. (LDCE)
（チケットが 10 枚しかないとはどういうつもりですか。12 枚あるはずですが［P 用法の解釈］／12 枚あるべきなのに）［R 用法の解釈］
(28) The student *should* drive home tomorrow.
（その学生は明日車で家に帰るはずだ／明日車で家に帰るべきだ）［同上］

(29) With her talent, she *should have got* the job.

(Declerck (1991))

(才能があるのだから彼女はその仕事を手に入れているはずだ／才能を用いてその仕事を手に入れるべきだったのに)［同上（→ 7.2.2)］

7.2. P用法

この用法は,「... のはずだ」という「論理的当然」を話し手の判断として示す用法である (It is [would be] reasonable to conclude that ...)。「... に違いない」という意味の「論理的必然」を表す must よりは命題の実現度は低い。P用法の助動詞と結びつく動詞は状態動詞が多いが, 以下に見るとおり動作動詞とも結びつく。その場合, 事象が生じる可能性があると話者が判断している時間領域 (=RT) は, 現在・未来・過去のいずれも表現し得る。なお, P用法の should は強勢を受けることがある。

7.2.1. 指示時 (RT) の違い

(30) I think we've reached bottom; things *should* begin to improve now.

(私たちはどん底に行き着いたと思う。もうこれからは事態はよくなるはずだ)［RT=未来］

(31) If you have a thermal printer, you *should be using* heat-sensitive paper.

(熱転写式プリンターをもっているのなら, 当然感熱紙を使っているはずでしょう)［RT=現在］

(32) There *should* be a seat reserved [booked] for me on Flight 503.　　　　　　　　　　　　　　　　　　　　　(以上, K)

(503便に座席を予約しているはずです)［RT=現在］

(33) The letter *should have arrived* by now.

(Thomson and Martinet (1988))

（手紙はもう届いているはずだ）[RT＝過去；話者の確信度は，The letter *will* have arrived by now. よりも弱い（→ 1.7）]

7.2.2. 〈should have 〜 en〉の意味

動詞句構成要素〈have 〜en〉は，通常，行為を状態化するので，それと共起する法助動詞は P 用法と解されやすいが，〈should have 〜en〉の場合は R 用法を含め，次に見るように少なくとも 6 つのそれぞれ異なった意味で用いられる。出来事が，話者が頭の中で定めた時点以前のこととして位置づけられている。

(34) Applicants *should* already *have obtained* a master's degree.
（出願者は修士号取得者であること）[① R 用法：完了しておくべき義務を表す（Applicants are required to have obtained …）；話者（＝志願者を募集する側）の発話時点（＝現在）での判断は，遅くとも出願書類を提出する時点（＝未来）までには，学位の取得が完了していることが必要，ということ]

(35) a. You *should have knocked* before you came in.　　(G 大)
（入る前にノックすべきでしたのに）[② R 用法：過去の義務（当然の行為）を怠ったことを表す（It was necessary for you to knock, but you didn't.）]

b. She *shouldn't have opened* the letter; it wasn't addressed to her.　　(Thomson and Martinet (1988))
（彼女はその手紙を開けるべきではなかったのに。彼女に宛てたものではなかったのだから）[否定文；R 用法（It was obligatory for her not to open the letter, but she did.）]

(36) The train *should have arrived* at the station by now.　　(GL)
（列車は今頃はもうきっと駅についているはずだ）[③ P 用法：蓋然性を表す（It's most probable that the train has arrived at the station by now.）]

(37) I *should have been* very much disappointed if she hadn't come. (K)

(彼女が来なかったらとてもがっかりするところだった）[④ P 用法：過去完了仮定法の帰結節（It's quite possible that I would have been disappointed if ...)。パラフレーズはほかの例文の場合と同じく全く機械的に書き換えたものである]

(38) She lamented that things *should have turned* out as they had. (K)

（結局そのような事態になったことを彼女は嘆いた）[⑤ R 用法：感情的ニュアンスを有する should (emotional *should*) と〈have ～en〉との共起；上の4例が反事実・非事実（＝事実か事実でないかに関し中立）を伝えるのに対し，本例は事実を述べている]

(39) I said I *should have finished* reading it by the evening.

(CR)

（私は夕方までにはそれを読み終えているだろうと言った）[⑥ P 用法：未来の一定時までに完了していることを表す shall have finished が時制の一致を受けたもの]

cf. She *shouldn't* [*needn't*] have stood in a queue. She *should* [*could*] have got tickets from the machine.

(Thomson and Martinet (1988))

（彼女は列に並ぶ必要はなかったのに。券売機で切符は買えたのだから）[第1文は R 用法 (It wasn't necessary for her to stand in a queue, but she did.)；第2文は P 用法 (It is probable [possible] that he would have got tickets ...)]

(34) は冒頭で述べた「正当な手続き」に相当。(35a, b) は「当然」を表す R 用法であるが，「すべきであった<u>のに</u>」しなかった，あるいは「すべきでなかった<u>のに</u>」してしまった，という意味を表す。このような過去時に言及する〈should have ～en〉は，'have a stronger negative connotation of "contrary to fact"' ((原形動詞の場

合よりも）強い「事実はそうでなかった」という批判的な含意がある）(Leech (1971: §142)) とか，また，'used to express an unfulfilled obligation or a sensible action that was neglected ... (or) in the negative a wrong or foolish action in the past.'(Thomson and Martinet (1988))（果たされなかった義務，見過ごしてしまった良識ある行動，また，否定文では，過去における間違ったもしくは愚かな行為を表す），というふうに説明されている。これらを日本語訳の下線部に注目して，一括して「ノニ用法」と呼ぶことにする。(39) の cf. は〈needn't have 〜en〉もノニ用法であること，また［ ］内の語を直前の語と入れ替えてもほぼ同じメッセージを伝えることを示すために，参考に載せたものである (→ 11.1.3)。

NB 齋藤は，ノニ用法の肯定形と否定形の違いを，英語の語呂合わせを用いて説明している。要旨は次のとおりである。
(i) You *should have obeyed* your elders.
（年長者には従うべきだったのに）［年長者の言葉に従わなかった消極（怠慢）罪（Sin of Omission）：すなわち，為すべきことを欠きたる罪］
(ii) You *should not have concealed* the matter from me.
（その事を私に隠すべきではなかったのに）［事を秘した積極（違法）罪（Sin of Commission）：すなわち，為すべからざることを為せる罪］

7.3. should を要求する意味環境

should に特有な用法の一つは，感情的なニュアンスを表す文脈の中に現れることである。特定の名詞・形容詞・動詞が，that 節内に should の生起を誘発するものであり，ほかの助動詞の代用が利かないものである。すなわち，驚き・意外・遺憾などの気持ちや種々の批判的判断を表す文中の that 節で用いられる，いわゆる 'emotional *should*' である。should は「当然＝道理」を表すので，

話者が'自分の考える道理'から外れていると判断すれば，そこに「不可解・意外」の気持ちが生まれる。これらの表現の裏には should not（あるまじき）の意味が隠れており，疑似仮定法と呼ばれることがある。例文の中には R 用法と思えるもの，R／P いずれの用法とも判じ難いものなどが混じっている。感情的意味合いを含む表現として，一括して，載せる必要から生じたことである。

7.3.1. 驚き・意外・遺憾などを表す形容詞・名詞の後に続く that 節の中で

(40) It is *surprising* that he *should have been* [that he was] so foolish.　　　　　　　　　　　　　　　　　　　　　　(K 大)
(彼があんなに間抜けだったとは［のは］驚きだ)［RT＝過去］

(41) It is *ridiculous* that we *should* be [that we are] short of water in a country where it is always raining.
(Thomson and Martinet (1988))
(いつも雨ばかり降っている国で水不足だなんて［水が不足するのは］ばかげている)［RT＝現在；(45) の注参照］

(42) He was *angry* that you *should* suspect [*should* have suspected] him.
(君が彼を疑う［疑った］とはけしからんと彼は怒っていた)［ST (angry) ＝ RT (suspect)［角括弧の場合の読み：ST＜RT］］

(43) It is *a pity* that he *should* miss [*miss] such a golden opportunity.　　　　　　　　　　　　　　　　　　　　(K 大)
(彼がこういう絶好の機会を逸したとは残念だ)［原形仮定法は不可］

(44) I see no *reason* why you *should* interfere in their quarrel.
(Thomson and Martinet (1988))
(君が彼らのけんかに口出しするなんて理由が分からない)［本例の why は関係副詞 → (47)］

(45) I'm *surprised* that she *should have failed* [*has failed*] the

exam. (Declerck (1991))
（彼女が試験に落ちたなんて［落ちたのは］驚きだ）［has failed は直説法で，主観をまじえずに事実を述べている］

   cf. What has he done (= It is *strange*) that you *should* resort to such violence? （齋藤）
（そのような暴力に訴えるとは，彼が何をしたというのですか）［疑問文はしばしば感情的な色彩を帯びる］

この用法で用いられる形容詞・名詞には，上の例文で用いたもののほかに次のようなものがある：absurd, amazing, annoying, funny, ironical, queer, sad, shameful など。例文で見るように，直説法を用いることもできる。

7.3.2. why, how, who などを用いた疑問文の中で

should には，驚き・意外・不可解などの感情を表す用法がある。義務であるとか，当然であるとか言われる事柄でも，受け入れがたいことがある。そのようなときに，あえて should を疑問文の中で用い，その義務／妥当性に異を挟む。でき上がった疑問文は修辞疑問であり，形式上の肯定・否定とは逆の解釈を受ける。

(46) *Why should* any of you consider it incredible that God raises the dead? (Acts 26:8)
（神が死者を復活させることを，あなた方の誰もが信じられないと思うのはなぜなのか）

(47) *Why should* I help him? He's never done anything for me. (OALD)
（なんだって僕があいつを援助しなければならないの？ 今まで僕に何もしてくれなかったのに）［= I see no reason why I should help him. (→ (44))］

(48) *Why should* you *have tried* to deceive me?
(Declerck (1991))

(なぜ私をだまそうなんてことをしたの？)〔単純な質問の意味(Why did you try to deceive me?)に加えて異議の気持ちが出ている〕

(49) Don't ask me. *How should* I know?　　　　　　　(LDCE)
(ぼくに聞かないで。知っているはずないでしょう)〔イライラ感や怒りの表明になることもある〕

(50) *What should* I find *but* an enormous spider!
(Thomson and Martinet (1988))
(見つけたのは何と, どでかいクモだった)

(51) The door opens, and—*who should* enter *but* the very man we were talking of?　　　　　　　(齋藤)
(戸が開いて, 入ってきたのは誰かと思えば噂をしていた当人だった)〔出だしは歴史的現在〕

(52) That he *should* want to marry Jill, of all people!
(Declerck (1991))
(彼がよりによってジルと結婚したがるなんて)〔文頭には例えば, I'm shocked [surprised] が省略されている〕

7.3.3. 道理・適切・必要などの意味を表す形容詞に続く that 節の中で

用いられる形容詞は should の根源的な意味に近い。

(53) It is *natural* that he *should have refused* our request. (K大)
(彼がわれわれの要求を拒んだのは当然だ)〔… that he (has) refused our request. も可〕

(54) It is not *best* that we *should* all think alike; it is difference of opinion that makes horse races.　　　　　(Mark Twain)
(われわれ皆が同じ考え方をするのが最善というわけではない。競馬が成り立つのは考えの違いがあるからだ)

　cf. It is *essential* that the procedure *be* applied uniformly across the whole country. (K)

(全国一律にその手順が適用されることが不可欠である)[原形仮定法が用いられこともある]

最後の例のように,米国では should を用いず,原形仮定法(＝動詞の原形)を用いる。また,仮定法ではなく,直説法を用いることもある。これらの用法で用いられる形容詞には次のようなものがある:appropriate, better, essential, important, necessary, proper, right, etc.

7.3.4. 命令・要求・提案・主張などを表す主節に続く that 節の中で

(55) The residents *demanded* that there (*should*) be an official inquiry. (LDCE)
(住民は公開アンケート(がなされること)を要求した)[AmE では should を用いない]

(56) "Should," as in "He *suggested* that we *should* leave at once," can be dispensed with. (K)
("He suggested that we *should* leave at once." という文にあるような should はなくてもよい)[(彼はわれわれに,すぐに出発したらどうか／しようよ (Let's leave ...) と言った)]

(57) A baby is God's *opinion* that the world *should* go on.
(Carl Sandburg)
(赤ん坊が生まれることは,この世がさらに続くべきだとの神の思し召しである)

    cf. (i) My heart's *desire* and *prayer* to God for the Israelites is that they *may* be saved. (Romans 10:1)
(イスラエル国民に対する私の心の願いと神への祈りは,彼らが救われることである)[desire ではなく prayer に牽引されて may が用いられたもの]

(ii) The council hasn't *decided* yet which firm *shall* build the bridge. (Declerck (1991))
(当審議会は架橋を担当する企業をまだ決定していない)
[公式文書や法律文書ではしばしば shall が用いられる]

(56) は '除外の we'／'包括の we' の違いによる解釈の違いである。以上のすべての用法において米語では should を用いず，原形仮定法 (=動詞の原形) を用いる。[2] これらの用法で用いられる動詞には次のようなものがある: advise, ask, command, desire, insist, move, order, propose, request, see, suggest, etc.

7.4. 慣用表現

7.4.1. I should think / I should have thought (婉曲表現)

(58) I *should have thought* it was colder than that. (LDEL)
(まあそれよりはもっと寒かったでしょうね) [同辞典に 'used to soften direct statement' (単刀直入な言い方を和らげる用法) と説明がある]

(59) I *should have thought* we could expect about forty people.
(40人ぐらいは見込めると思ったのですが)

(60) I *should have thought* he could have washed his hands, at least. (以上, Swan (1980))
(彼は少なくとも手を洗うことぐらいはできたのに，とも思えたのです) [非難する言葉の導入部として用いられる]

---

[2] should を用いない原形仮定法は American Subjunctive と呼ばれるほどに普通で，米国では should を用いることは 100% ない。英国でも現在では should を用いない用法がかなり普及しているようである。現在までの研究では，should は意味上 Ø (ゼロ) ということになっている。should と似た意味の must, ought to を代わりに用いることができないということは，should には未だ解明されていない何らかの法的意味 (あるいは機能) があるようである (野村 (2007))。

(61)　I *should have thought* he would have declined.　　　（齋藤）
　　　（辞退しそうなものを（意外千万））［齋藤訳は現在の意味にしか受け取れないが，辞退するだろうと思っていましたのに（しませんでした），という過去の解釈をすべきであろう］

(62)　a.　"Do you think she'll win?" "I *should say* so."　　　（K）
　　　　（「彼女が勝つと思いますか」「おそらくね」）［think 以外にも say, imagine と共起する］
　　　b.　"He must be on this side of forty." "I *should imagine* so."
　　　　（「彼はきっと 40 歳にはなっていない」「そう思えますね」）

(63)　I *shouldn't think* you have anything to cry about.　　　（K）
　　　（泣く必要なんて何もないと思うけど）［I don't think と同じく否定辞 not は文頭に近い位置をとる］
　　　cf.　"She doesn't like to hear me swearing." "I *should think* not."　　　（LDCE）
　　　　（「彼女は僕が口汚い言葉を使うのを聞きたがらないんだ」「だろうと思いますよ」）［not は先行の否定文全体の代用］

I think, I thought には，それを付け加えるだけで，発言に遠慮を働かせていることを伝える効果がある。その遠慮の気持ちがさらに強く表れているのが，should を用いた上記の表現である。最後の例文の not は (62) の so の否定形である。なお，本節については，8.2.2 節（(53) cf. (iii)）を参照。

7.4.2.　I shouldn't be surprised if

(64)　I *shouldn't be surprised if* he married Meg.
　　　（彼がメグと結婚しても僕は驚かないね）［It would be reasonable to conclude that he would marry Meg. *or* It wouldn't surprise me if he married Meg.］

(65)　I *shouldn't be surprised if* it rains [rained].　　　（K 大）

(雨になっても別に驚きはしない［どうやら雨になりそうだ］）［① rains の場合は直説法による開放条件：It's reasonable to expect that it will rain.；② rained の場合は過去仮定法による開放条件：It would be reasonable to expect that it would rain.］

 cf. I *shouldn't wonder if* he won the first prize. (K)
  （彼が1等を取っても別に驚きはしない）

(64) は，「もし彼が結婚しなかったら僕は当然驚く (I should be surprised if he didn't marry ...)」という当然予期される事柄の表現を，「結婚しても」というふうに条件を逆にして表現したもので，修辞的な表現といえよう。

7.4.3.　I should like to / I should like to have ～en（婉曲表現：非実現）

(66) a. I *should like to* meet your wife.
   （奥さんにお会いしたいものです）［I would like to ...]
 b. I *should like to have met* your wife.
   （奥さんにお会いしたかったのですが）［望みは実現しなかった］
 c. I *should have liked to* meet your wife.（同上）［同上］
 d. I *should have liked to have met* your wife.（同上）［同上］

遠慮・控えめな気持ちを表す英式の表現である。話し言葉や米式では would like または短縮形 'd like を用いる。上例のように，希望・期待などが実現しなかったことを表す完了形不定詞を Jespersen (1956: §24.5$_2$) は想像の完了形不定詞 (imaginative perfect infinitive) と呼んでいる。

第 8 章

WOULD

　法助動詞全体の中で will（推量）に次いで最も多く用いられるのが would である。R 用法として直説法に用いられる場合は，肯定文において過去における主語の意志・主張・固執・習慣などを表し，否定文では主語の強い拒絶を表す。また，will の過去形として時制の一致を受けたときにも用いる。R 用法の仮定法で用いられる場合は，願望を表す表現や，何らかの意志を含意する控え目・丁寧な表現に現れる。P 用法は発話時点での推測を表すが，もっぱら仮定法で用いられる。その場合には，if 節または潜在条件によって提示された条件に対する帰結節に現れる。第 1 章「概観」で見たとおり，命題の成立に対する話者の確信度はかなり高い。will に未来標識の用法があるように，would に「仮定法標識」の用法がある。意味・用法を下位分類するのが難しい助動詞の一つといえる。

8.1.　R 用法（＝意志的用法）

8.1.1.　意志・固執
　強い「意志」はときには「固執」にまで発展し，他人に見られない個人特有の行動となって表れる。それが話者にとって好ましくないものであれば，過去形で言及することによって穏やかな不満・非難の気持ちを表す。また，そのような個人に特有の行動を一般化す

れば,現在時制 (will) においては習性,過去時制においては習慣を表す表現となる。

8.1.1.1. 過去における主語の意志・固執

(1) We tried to stop him smoking in bed but he *would* do it.

(Thomson and Martinet (1988))

(彼に寝タバコをやめさせようとしたが,頑としてやめなかった)
[本例を含め,以下の用例すべての would に強勢を置く]

(2) He knocked at the door, but she *wouldn't* let him in.

(MEG IV, 19.1(2))

(彼はドアをノックしたが,彼女は入れてくれようとはしなかった)

(3) When he *would* not be dissuaded, we gave up and said, "The Lord's will be done." (Acts 21:14)

(思いとどまるようにとの説得に彼はどうしても応じようとしなかったので,私たちは諦めて言った,「神のご意志どおりに」) [引用符の中は祈願文で, will は名詞 = May the will of the Lord be done.]

(4) After all this, I *wouldn't* come back to the farm.

(Sinclair (1990))

(こうしたことがあってから,私は農場に戻ってこようとはしなかった) [主語の拒絶が 1 回にとどまらない場合にも用いられる]

(5) He was greedy. He *would* do anything for money.

(Declerck (1991))

(彼は貪欲で,金のためなら何でもしようとした) [習慣的になった性癖]

(6) You *would* tell Ann about the party.—I didn't want to invite her.

(何としてもアンにパーティのことを教えてあげたいのね。彼女を招待したくなかったのに) [That's typical of you! (あなたのするこ

とらしいわ）といった非難の気持ちを表す；次の用法と重なる］

(7) They *would* telephone me just as I was going to sleep.
(あいつらは私が寝ようとしている矢先に電話をかけてきた)［話者から見た主語の特性（習慣的な行為）に対するいらだたしい気持ち］

8.1.1.2. 現在における主語の意志・固執

(8) The reason women don't play football is because 11 of them *would* never wear the same outfit in public.

(Phyllis Diller)

(女性がフットボールをしないのは，11 人の女性が人さまの前で同じ服装をしたくないからよ)［現在における意志；would = wish to］

(9) It *would* rain on the day of our marriage! (Declerck (1991))
(あたしたちの結婚の日に限って降るのね！)［本例以下の用例すべての would に強勢を置く］

(10) He *would* be unavailable when we want him. (R 大)
(彼は必要なときになるといつもいないんだから)［意志→習慣→「決まって ... すること」に対するイライラ感を表す；次例も同じ］

(11) You've lost a button off your coat. You *would* do that, just as we're going out. (Close (1975))
(上着のボタンが取れてるわ。外出しようとするときに決まってそうなんだから)

(12) You've spoiled the tablecloth! You *would* do that, just as we're expecting guests! (Declerck (1991))
(テーブルクロスを汚してしまったわよ。お客さんを迎えるばかりの時に決まってそんなことをするんだから)［上例と同様に，前に現在完了，後に現在進行形を使用］

(13) He *would* walk in with dirty boots just after I've cleaned the floor.
(床をきれいにするとそのあと，あの人すぐに泥靴のままで入って

来るんだから)[興味深いことに,この不満・非難などの感情を表す would は次項で扱う習慣・反復とは異なり,通常,一度かぎりの行為について用いる。この用法の would が現在／過去いずれを表すかは文脈による]

8.1.1.3. 過去における主語の習慣・反復行為

(14) Once she began to speak, she *would* run on for hours.　(K)
(彼女はいったんしゃべりだすと,何時間もしゃべり続けるのだった)

(15) Once in a while she'*d* give me some lilac to take home.
(Sinclair (1990))
(ときどき彼女は私にリラの花を家に持たせてくれたものです)

(16) Now all the Athenians and the foreigners who lived there *would* spend their time in nothing except telling or hearing something new.　　　　　　　　　　(Acts 17:21, *ESV*)
(ところで,すべてのアテネ人とそこに暮らしている外国人は,何か目新しいことを聞いたり話したりすること以外は何もせずに暇をつぶすのであった)[would を used to とした訳や単純過去の spent を用いた訳もある]

常習的状態や規則的な習慣を表す used to は,動作動詞・状態動詞のいずれをも従えることができるが,would は動作動詞としか結びつかない。また,used to は「今はそうではない」ことを含意し,過去と現在を対照させ,非人称構文にも用いることができるが,would にはそのような用法はない。前者は口語的・客観的,後者は文語的・回想的である。(ただし,左記の違いを認めず,would = used to とする学者もいる。idiolect の違いともいえるが,同義語を使ったどんな2文も完全に同一の意味を表すことはないことを考えれば,上記の違いは認めておくべきであろう。) would と共起する副詞(句)には always, frequently, often, sometimes, now and then, for hours

(何時間も), of a Sunday (日曜日などに) などがある。なお, 現在の習慣的行為を表す will が 3 人称専用であるのに対し, would はすべての人称に用いることができる。

8.1.2. 描出話法

過去時制で語られる物語では, 登場人物の視点が語り手の視点に吸収されてしまい, 伝達節 (he said, she said など) を省略し, 作中人物が話す引用符の中の言葉 (= 被伝達部) を,「間接話法にした場合の代名詞と時制」を用いて表現することがある。これを描出話法 (represented speech) という。描出話法では, すべての助動詞を独立節の中で用いることができる。

(17)　　So the servant went to the house, and knocked on the door—rap! tap! tap!

"What do you want?" said the mother of the three sisters, coming to the door.

Oh, nothing much; only a king was out there in the road, and wanted to know if she would sell the apple yonder for a potful of gold.

Yes, the woman *would* do that. Just pay her the pot of gold and he *might* go and pluck it and welcome.

(Howard Pyle, *The Apple of Contentment*)

(それで家来は家まで行き, 扉をノックしました——トン, トン, トン。

「何のご用?」三人の娘のお母さんが, 戸口まで出てきて言いました。

「いや, たいしたことではないんだが, 王さまが近くの道路に来ておられる。そなたが, 壺一杯分の金貨で, あそこにあるリンゴを売ってくれるかどうか, 知りたいと仰せなのだ」「ええ, お売りしますとも。壺一杯分の金貨を払ってくださるのなら, どうぞご自由

にもいでくださって，けっこうです」）[5 行目から描出話法]

8.1.3. 直説法の従属節の中で（時制の一致／過去時から見た未来）

(18) What grieved them most *was* his statement that they *would* never see his face again. (Acts 20:38)
（彼らをもっとも悲しませたのは彼の言った「あなた方がわたしの顔を見ることは二度とないでしょう」という言葉であった）[名詞節：that 節は statement と同格の名詞節（cf. You *will* never see my face again.）]

(19) So this *was* the place where I *would* work. I did not like its appearance. (R)
（そこでこれが私の勤めることになる店だったが，外観が気に入らなかった）[形容詞節：上例と共に P 用法の読み]

(20) He *drew* the blinds so that the sunlight *would* not shine in [into] his eyes. (K)
（日が目に差しこまないようにブラインドを引いた）[副詞節]

8.1.4. 仮定法の用法（R 用法の仮定法）
8.1.4.1. 独立節：意向・願望（(できれば) ... したいと思う）

(21) Nutritionists *would* have us all eat whole grains. (R 大)
（栄養士たちは皆に精白していない穀物を食べてもらいたいと思っている）[would = could wish to（(できれば) ... したいと思う）]

(22) But in order not to weary you further, I *would* request that you be kind enough to hear us briefly. (Acts 24:4)
（しかし，これ以上ご退屈なさらないようにいたしますが，何とぞしばらくお聞きくださいますようお願いいたします）[最大限の敬意を込めた文脈の中で；be は原形仮定法（→ 7.3.4）]

(23) I *would have saved* you some but Jimmy took it all. (R 大)
（君に少し残しておきたかったんだけれど，ジミーが全部取っちゃっ

たよ）［過去において実現しなかった願望（I had wanted to save you ...）］

(24) I *would* not *have missed* the speech. (田桐)
(その講演はぜひ聴きたかった)［文脈によっては，その講演を聴きそこなうことはなかっただろう，の意味にもなる］

 cf. Ah, *would* that it had been true! (R 大)
(ああ，それが事実だったらよかったのに)［この would は助動詞ではなく，仮定法を用いる名詞節を目的語にとる他動詞；文語体］

8.1.4.2.　従属節

(25) If only he *would* stop talking. (K 大)
(彼がしゃべるのをやめてくれさえしたらなぁ)［条件節のみで，帰結節が表現されない例；cf. I wish he *would* stop ...］

(26) I wish that you *would* be patient with me in a little foolishness, but indeed you are being patient with me!
(2Corinthians 11:1, *NET*)
(あなた方が私の少しばかりの愚かさを辛抱してくだされば願っています。いや，じっさい辛抱してくださっているのですが)

8.1.4.3.　条件文

(27) If he *would* bet on horse-races in spite of your warnings, he deserved to lose his money. (Hornby (1956))
(君の警告にもかかわらず彼が競馬に賭けると言い張ったのなら，損をしたのも当然だ)［閉鎖条件節における直説法過去；条件節の中で用いられる法助動詞は通常 R 用法；「固執」を表す。以下はすべて仮定法］

(28) I *would be doing* so if I could.
(そうできれば今そうしているのだが［ことだろう］)［帰結節の中

で；「意志」（R 用法）か「推測」（P 用法）かを判別し難い用法]

(29) We should be much obliged if you *would* come. (GL)
（お出でくだされば幸いに存じます）[条件節の中；if you come → if you will come → if you would come の順に丁寧度が上がる]

(30) If I thought it *would* help you I *would* lie without scruple.
（そのほうがあなたのためになると思ったら、ためらわずに嘘をつきますよ）[過去仮定法の帰結節の中；前の would は P 用法]

(31) If you *would* try this medicine, you *would* find that it *would* soon cure you. （以上, K）
（この薬を試してごらんになればすぐに効き目が現れるということが分かるでしょう）[控えめな would をすべて will に置き換えることができる；後の二つの would は P 用法]

(32) Had I had wings, I *would have flown* to you. （井上）
（あのとき私に翼があったら、あなたのところへ飛んで行ったでしょうに）[過去完了仮定法の帰結節の中；前半＝If I had had wings]

8.1.4.4. 控えめ・丁寧表現として

種々の言語環境（平叙文・疑問文・条件節）で用いられる。

(33) I *would* suggest putting a different preposition at the end.
(Hughes (1983))
（文末に違う前置詞を置くのはどうでしょうね）[教師が生徒に]

(34) If you *would* wait a moment I'll see if Mr. White is free.
(R 大)
（少しお待ちいただければ、ホワイト先生の手が空いているか見てきます）[will よりも丁寧]

(35) a. *Would* you come out to the front, please?
（教室の前に出てください）[教師の生徒への指示]
   b. *Would* you mind switching the lights on?
(以上, Hughes (1983))

(明りをつけてくれませんか)［教師の生徒への依頼：英国での教室英語の文例であり，米国ではもっとくだけた言い方をすると思われる］

(36) I *would* hate to move to another house now.
(今引っ越しするのはどうもいやですね)［好き嫌いを表す動詞 like, love, prefer, hate との共起：語調を和らげる］

(37) All of us *would like not* to have nuclear weapons.
(われわれは皆核兵器がないことを望みたいです)［would not like to (したくない) とは異なる］

(38) a. I'*d like to have seen* his face when he opened the letter.
(手紙を開封したときの彼の顔を見たかったですねぇ)［非実現 (I wish I had seen his face …)］

　　b. I'*d have liked to see* his face when he opened the letter.
(同上)

　　c. I'*d have liked to have seen* his face when he opened the letter. 　　　　　　　　　　　　　(以上，Swan (1980))
(同上)［should も同様の動詞構造をとる (→ 7.4.3)］

本項に限らず，would が控えめ・丁寧な響きをもつのは，Lewis (1986: 121f.) が主張するように，遠隔形 (remote form＝動詞の過去形) がもつ時間的な距離はもとより，対人的・心理的距離 (remoteness of relationship; psychological remoteness) に由来するのかもしれない。

8.1.4.5. would rather / had rather

後ろに，①原形動詞を従え，主に現在あるいは未来の行為の選択を表す用法 ((39)) と，②仮定法を用いた名詞節を従える用法 ((40)) とがある。後者の場合，that 節の主語と主節の主語は同一であってはならない (that は省略されるのが普通)。

(39) a. I'*d rather not* stay at that hotel.

(あのホテルには泊まりたくない)['d rather は would prefer to の意味である；not の位置に注意]

b. "I'd rather like an ice-cream now." "Oh, would you? I'd rather have a drink."　　　　　(以上, Declerck (1991))
(「今はむしろアイスクリームが食べたい」「そうかい？ 僕は飲むほうがいいな」)

c. I would rather have been born here.　　　　　(R 大)
(ここの生まれであればよかったのに)[ノニ用法]

(40) a. I'd rather you came next weekend.
(今度の週末においでいただきたい)['d は would/had の縮約形；came は過去仮定法]

b. Would you rather I read the report?　　(Matreyek (1983))
(報告書は私が読んだほうがいいですか)[read [réd] は過去形]

c. "Do you mind if I smoke?" "I'd rather you didn't."
(「タバコを吸ってもいいですか」「ご遠慮願いたいです」)

d. I would rather you hadn't told him the truth.　　　(G 大)
(君が彼に本当のことを話すようなことはしてもらいたくなかったのに)[I wish で言うほうが普通；hadn't told は過去完了仮定法]

8.2. P 用法（非意志的用法）

8.2.1. 推量・推測

8.2.1.1. 直説法において（独立節または従属節の中で）

(41) He would recognize it when he heard it again.
　　　　　　　　　　　　　　　　　　(Sinclair (1990))
(もう一度その声を聞いたら誰の声かが分かるだろう[と彼は思った])[過去から見た未来の推量；描出話法の読みも可]

(42) That happened a long time ago. I would be about twenty

at the time. (Hornby (1956: §116))
(そのことがあったのはずっと昔だった。僕は当時20歳だったろう)
［現在から見た過去の推量（＝was perhaps）; cf. 9.2.3 (59)］

(43) a. My fears that she *would* betray me were quite groundless. (K)
(彼女に裏切られるのではないかという不安は，まったく根拠がなかった)［同格節の中で時制の一致；過去から見た未来の推量（以下，同断）］

b. He foretold that there *would* be trouble.
(彼は，困ったことが起こると予言した)［名詞節の中で時制の一致］

c. So this was the place where I *would* work. I did not like its appearance. (R)
(そこでこれが私の勤めることになる店だったが，外観が気に入らなかった)［形容詞節の中で時制の一致；再掲］

(44) "They are [were] very polite." "They *would* be." (K 大)
(「彼らは大変丁重です［でした］」「そうでしょうとも」)［時に関係のない推量］

8.2.1.2. 仮定法において（主節または従属節の中で）

(45) There *would* be no survivors in such a disaster.
(そのような災害では生存者はいないだろう)［there 構文の中の法助動詞は P 用法の読みの傾向がある；現在の推量］

(46) That *would* be something we all have long hoped for.
(それは私たちみんなが長い間望んでいたものであろう)［現在の推量；will よりも控え目］ (以上, K)

(47) Without food we *would* have to turn back.
(食糧がなければ撤退するしかないだろう)［潜在条件（without ...）を含む過去仮定法］

(48) Your usual full support and cooperation during his stay *would* be very much appreciated. (Kurdyla (1986))
(本人の滞在中いつものように全面的にご支援ご協力いただければ，まことに有り難く存じます）[主語に潜在条件；過去仮定法]

(49) Bill *would have died* if the doctor had not operated immediately. (G 大)
(もし医者がすぐに手術をしなかったら，ビルは死んでいたでしょう）[過去完了仮定法]

8.2.2. would と相表現との共起

(50) She felt she *would be living* a lie if she didn't seek a divorce. (K)
(離婚を求めなければ，これから嘘の生活を送ることになると感じた）[斜字体部は時制の一致；〈will be 〜ing〉は事態の当然の成り行きを表す]

〈have 〜en〉と共起する場合，少なくとも以下の 7 つの用法がみられる。

(51) I *would have saved* you some but Jimmy took it all.
(君に少し残しておきたかったけれど，ジミーが全部取っちゃったよ）[① R 用法：過去のある時点までに継続しておきたかったことの願望；再掲 = (23)]

(52) One *would have said* that he abandoned a venture when it threatened to prosper. (井上)
(あの男はいわば事業がまさに成功しそうになったとたんに事業を投げ捨てたようなものだ）[② R 用法；慣用句：may well say (...といってもよい) に相当]

(53) "Did you hear? President XY has lost the election!"
"That's odd! With the overwhelming vote he got in the

last election *I would have thought* he would win this one, too. (forum.wordreference.com)
(「聞いたかい。XY 大統領が選挙で負けたんだって」「おかしいね。前回の選挙の圧倒的な得票からみて，てっきり今回も勝つものと思ったよ」) [③ R 用法：斜字体部は過去における予測・期待がはずれたときに発する慣用表現とみなす]

cf. (i) *I would have thought* he would have resigned.
(彼はてっきり辞職でもしたかと思ったのだが)（齋藤）
[同上；思う内容が現在か過去かは文脈による]

(ii) Twenty guests are enough, *I would have thought*. (OALD)
(客は 20 人で十分と思ったのですが) [斜字体部は「自分の発言の断言的な響きを和らげて丁寧な表現にする」と同辞典に説明がある；前の文が現在時制]

(iii) *I would have thought* it would be better to wait a while. (LDCE)
(しばらく待ったほうがよいと思います) [同辞典は，I *would think* [*would have thought, should think, should have thought*] の意味を区別せず，BrE の口語用法として「たぶん … だろうと思う」という意味だという (s.v. think)]

(54) a. I *would have liked* to hear more from the patient.
(Sinclair (1990))
(患者からもっと多くのことを聞いておきたかったのに) [④ R 用法：ノニ用法]

b. I *would have liked* to pluck out his eyes. (K)
(あいつの両目をえぐり取りたい気持ちだった [取りたかったほどだ]) [R 用法：控え目な語法 ([would] + [say, think, like, etc.]) を，過去の出来事を述べるために用いようとして，原形動詞 (like) を完了形不定詞にしたものと思われる]

(55) I thought he *would have finished* his work by then.　(R 大)
(その時までには彼はもう仕事を終えてしまっているだろうと思った)［⑤ P 用法：〈will have ～en〉が時制の一致により］

(56) Ten years ago no one *would have thought* that personal computers would become so popular.　　　　　　　　　　(J)
(10年前にはパソコンがこんなに普及するとは思えなかっただろう)
［⑥ P 用法：過去完了仮定法；潜在条件は Ten years ago］

(57) There *would have been* people living, but they *wouldn't have been* the same people.　　　　　　(Palmer (1979))
(人々が住んでいたであろうが，同じ人たちではなかっただろう)
［⑦ P 用法：過去の命題に対する控えめな推量 (It would be a reasonable conclusion that there were …, but that they were not …)］

8.2.3. 仮定法の R／P 用法によるパラフレーズの違い

(58) I *would* never die for my beliefs because I might be wrong.　　　　　　　　　　　　　　(Bertrand Russell)
(私は自分の信条のために死ぬことは決してしないだろう，ひょっとして間違っているかもしれないからだ)［R 用法の場合，仮定法は助動詞の意味に作用すると考えられる (I *would* never *be willing to* die …)］

(59) If they were alive, they *would be moving* around.
(彼らが生きていれば動き回っているだろうに)［P 用法の場合，仮定法の意味は命題に作用すると考えられる (It is predictable that they *would* be …)］

(60) Many *would* be cowards if they had courage enough.
(多くの人は勇気があれば臆病者になれる［なるであろう］)［例えば，雪山登山で途中引き返す勇気；R 用法（主語指向的）とも P 用法とも解釈できる境界型の例である：(Many *would be willing to* be cowards … / It is predictable that many *would* be cowards …)］

第 9 章

WILL

　Leech (1971) は will の用法を，本書の 2 大分類法に従っていえば，R 用法に分類可能と思える強い意志の「主張・固執 (insistence)」，弱い意志の「意欲 (willingness)」，それらの中間の「意図 (intention)」の三つ，および P 用法として分類できる「予測可能性 (predictability)」の，あわせて四つに分類している。その分類を参考に，ほかの文献からの用例も借用して，代表的な意味用法を探っていく。will は，共起する主語の人称の違い，用いる「時」の副詞の違い，などによって意味用法を変える，変わり身の速い助動詞である。

9.1. R 用法

　R 用法の特徴は意志的用法である。平叙文において，有生主語が動作動詞を伴い，主語の人称を問わずその意志や主張・固執，また習慣・習性などを表す。主語が 2 人称の場合は，主に疑問文で用いられて依頼・勧誘，また命令などの意味を表す傾向がある。細分化された意味の根っこには，なんらかの「意志」が感じられる。R 用法の will は there 構文，⟨be ～ing⟩，⟨have ～en⟩，疑似法助動詞とは共起しないとみてよい。

第9章 WILL

9.1.1. 固執・主張

(1) I *will* go to the dance, and no one shall stop me!

(Leech (1971))

(俺は何としてもダンスパーティに行く。誰にも止めさせない) [本例以下の will は強勢を受ける：1人称主語ではテーブルを拳骨で打ちたたくのと同じほどの勢いを聞き手に感じさせる (Leech (1971: §123))]

(2) He *will* go swimming in dangerous waters.　　　　(ibid.)

(彼は危険な水域に泳ぎに行くといってきかない) [(≒ He insists on going swimming …)]

(3) If you *will* get drunk every other night, no wonder you are not feeling well.　　　　(Declerck (1991))

(一晩おきに酔っぱらわないと気が済まないのなら，気分がすぐれないのも無理はない) [if 節の中で用いることも可]

(4) This key *won't* go in the lock.

(この鍵はなかなか錠に入りません) [鍵は無生だが擬人化されている (=The key refuses to …)；無生主語で用いられる won't はまず R 用法と見てよい]

(5) Man is a credulous animal, and must believe something; in the absence of good ground for belief, he *will* be satisfied with bad ones.　　　　(Bertrand Russell)

(人間はすぐに真に受けてしまう動物で，何かを信じずにはおれないのである。信じるための十分な根拠がない場合，いい加減な根拠でも満足しようとする) [must (〜せずにはおかない) との呼応で will は強い「意志」を表すと解釈する]

9.1.2. 主語に本来備わっている能力

(6) The work *will* keep until tomorrow.　　　　(K)

(その仕事はあすまで延ばして構わない) [今日中に片づけなければ

ならないということはない]

(7) The auditorium *will* seat 500 (if required). (Leech (1971))
(この講堂は（必要なら）500人収容できる［500の座席がある］)
［過去時のことを表すには would を用いればよい］

(8) You know that certain drugs *will* improve the condition.
(Perkins (1983: §3.3.3))
（ある種の薬物は健康状態を改善するんです）［著者の Perkins は will が 'power' の意味を表すときは，常に主語指向的（本書でいう R 用法）であると述べている。同じ例文が Palmer (1979: §7.1.2) にもある］

(9) This metal *will* not crack under heavy pressure. (K大)
（この金属は強い圧力を受けてもひびが入ることはない）［否定文］

(10) *Will* that skylight open? (Declerck (1991))
（あの天窓は開きますか）［疑問文 (Can it be opened?)］

(11) *That'll do*. (MEG IV, 15.3(4))
（それで間に合う［結構だ］）［(11) を Jespersen は，'That is sufficient or sufficiently good.' とパラフレーズして power or capacity を表すとしているが，Palmer (1979: §7.2.2) は，何らかの条件が整ったときに物事が生じることを表す条件法的な will と解釈する］

以上みたように，この用法の主語は無生主語が多い。

9.1.3. 意　志
9.1.3.1. 主語の意図・約束・願望

(12) *If* you *will* help us, we'll pay you well. (R大)
（手伝ってくださるなら手当ては十分にいたします）［主語の意志や好意を表すときは，条件節でも will を用いる。単なる条件を表す if 節では，未来時の事柄でも単純現在形を用いる：You'll be disappointed *if* you *hear* [**will hear*] her sing. （彼女が歌うのを聞いたら［*聞くつもりなら］がっかりするだろう）］

(13) But as he left, he promised, "I *will* come back if it is God's will." Then he set sail from Ephesus.　(Acts 18:21)
(しかし別れ際に彼は約束した,「神のご意志であればまた戻ってきます。」それからエフェソスから出帆した)[will が約束の意を伝えていることを promise という言葉が示している]

(14) Mary *won't* be met by John.
(メアリーはジョンに会ってやろうとはしない)[won't は主語の拒絶の意志を表すものであるから,受動変形前の John *won't* meet Mary.(ジョンはメアリーに会おうとはしない)とは意味が異なる。このように,受動変形によって元の文と知的意味が変わる場合がある。このゆえに,この用法の will は主語指向的(subject-oriented)であるといわれる]

9.1.3.2. 話し手の意志

will は 2 人称主語に用いられて,相手に対する話し手の指示・命令を表す。

(15) You *will* pack and leave this house at once.
(荷物をまとめてすぐにこの家を出て行きなさい)[You must よりも強い命令である(cf. 1.7 (33))。命題の中で言及されている行為が成就されるのを見届けるという話者の決意が込められている(Coates (1983))]

(16) You *will* go immediately to headquarters. You *will* go alone, and you *will* tell no-one about this.　(Allsop (1987))
(直ちに司令部に出向け。単身行動のこと。またこのことは他言無用である)[軍隊で部下に対する上官の命令;no-one は no one の英式綴り]

(17) When the alarm rings passengers and crew *will* assemble at their boat stations.　(Thomson and Martinet (1988))
(警報器が鳴った場合,船客と乗員は直ちに救命艇常置場所に集合

のこと）[船長・学校長・機関や団体の長など，何らかの権威を有する人が発する命令で，人々が当然その命令に従うことを確信している場合に（書面にして）用いる]

(18) After Festus had conferred with his council, he declared: "You have appealed to Caesar. To Caesar you *will* go!"

(Acts 25:12)

（フェスト（総督）は評議会と協議したあと言明した，「あなたはカエサルに上訴した。カエサルのもとに行きなさい」）[will の代わりに話し手の意志を表す shall を用いた聖書が多い]

(19) You *will* not mention this meeting to anyone.

(Thomson and Martinet (1988))

（この会合のことは誰にも言ってはいけません）[否定文は禁止を表す；話し言葉でも用いられる]

(20) "I'll just go upstairs." "You *will* not." (Sinclair (1990))

（「ちょっと2階へ行きます」「それはなりません」）[同上]

(21) The class *will* rise.

((クラスの) 皆さん立ってください)

(22) All right. I*'ll* see you this afternoon then.

（分かりました。それでは今日の午後お会いしましょう）[その場の意志の表明（＝決断）なので I'm going to see … は不可]

(23) We*'ll* stop your pocket money if you don't behave.

(Leech (1971))

（行儀よくしないとお小遣いをストップしますよ）

上例は，聞き手の心情にはお構いなしの高圧的 (high-handed) な命令を表し，聞き手が抵抗したり従わなかったりすることは，話者にとって考えられないことである (Declerck (1991))。最後の二つの例のように，1人称で用いられる場合は，約束・脅しなどを表すことがある。上記のすべての例において，発話と同時にある決定がなされていることが見てとれる。

9.1.4. 習性・性向・傾向・現在の習慣

習慣を表す would がすべての人称で用いることができるのに対し，will の場合は 3 人称に限られる。

(24)　Oil *will* float on water.
　　　（油は水に浮く）　　　　　　　　　　　　　　　　　（R 大）

R 大によれば，(24) は Oil floats on water. とも言えるが，will を用いると実験に基づく予測可能性が強調される。実験不可能な真理，あるいは自然法則で繰り返される出来事には，単純現在を用いる (The sun rises [*will* rise] in the east.)。Dclerck (1991: §12.3.10) も同様の説明をしている。彼はこの用法の will に，いくぶん未来指示が含意されることを認めつつ，この will を本書の 9.1.2 節（主語の能力）の用法に入れている。Palmer (1979) は力・能力の項目の中でこの例文を載せ，推論的用法（＝本書の P 用法）の解釈も可能であることを認めている。ということは，法助動詞の意味・用法の境界がファジーであることを物語るものである。

(25) a.　Accidents *will* happen.
　　　　（(諺) 事故は起こるものである／人生に災難は起こりがちなもの）
　　 b.　People *will* talk.
　　　　（人の口に戸は立てられぬ／世間は口がうるさい）
(26)　When better books are suppressed more people *will* read them.
　　　（良書の出版が禁止されるとそれを読もうとする人間が増えるものだ）[will は意志・欲求を表すとも解される]
(27)　Women *will* be curious.　　　　　　　　　　　　（齋藤）
　　　（女は人の（秘密などを探って）悪口を言いたがる）[「女は詮索好きなもの」の意であろう。この辞書編纂者の女性観がしのばれる訳と思えたので，そのまま転記した。状態動詞でありながら R 用法に

用いられている例］

(28) Old John always talks about the golden days of his life, as old men *will*.　　　　　　　　　　　　　　　　　　(GL)

（ジョンじいさんは，老人の常［にありがちな事］だが，彼の人生の最盛期のことをしょっちゅう話している）

(29) She *will* sometimes sit up all night, pouring over a novel.
　　　　　　　　　　　　　　　　　　　　　　　　　（齋藤）

（彼女は小説を読みふけって，ときどき徹夜することがある（のです））［習慣を表すとも，主語の特性・傾向・人柄を述べているとも解される。現在の習慣は単純現在時制でも表せる］

(30) That man *will* always turn up where anything is the matter.
　　　　　　　　　　　　　　　　　　　　　　　　　（齋藤）

（あの人は，何か事があると必ずやってくる）

(30) は，文脈によっては，話し手にイライラした気持ちを抱かせる「固執」の意味と重なる境界線上の例である。「事があるときに限って姿を現さないと承知しない人だ」の意味となる。この例は，always が現在進行形と共起するときに見られる，感情的なニュアンスを帯びる現象と似ている：He's always *complaining*.（不平ばかり言っている）。

9.1.5. 疑問文

will を用いた疑問文は 2 人称主語の例が多い。1 人称主語を疑問文で用いることは，話者が自分の意志を尋ねることになるので，日常生活ではまずない。下の例 (31) はオウム返し疑問文で，例外的なものである。

(31) "Will you go?" "*Will* I go? To be sure, I will"

（「きみは行くかい？」「行くかって？もちろん行くさ」）［主語が 1 人称］

(32) Look at those strawberries! We *will* buy some, *shall* we?

(Declerck (1991))

(あのイチゴを見てごらん。少し買いませんか)［提案の場合の付加疑問］

(33) *Will* you [*Won't* you] come in?
(お入りになりませんか)［招き・要請で，Won't you …? のほうが懇願の意が強い (Allsop (1987: §9.4.2))。Would you …? はより丁寧な言い方；cf. Come in, *will* [*won't*] you?［付加疑問］]

cf. Have a piece of cake, *will* [*won't*] you? (Close (1975))
(ケーキをお一ついかがですか)［勧奨］

(34) *Will* you (please) listen to me and stop interrupting?
(私の言うことを聞いて邪魔をしないようにしてくれませんか[くれないかね])［要請・命令；please を添えなければ命令の意味］

(35) *Will* he help you?
(彼は君を手伝うだろうか)［主語が3人称 (= *Do you think* he will help you?)；P 用法とも解せる］

9.1.6. Will you ~ …? と Will you be ~ing …? との違い

(36) *Will* you come to the dance this evening?
  a. 今夜ダンスパーティに行きませんか。
    ［(意志があるかを尋ねることから→) 勧誘；返答としては Oh, I'd like to. / I'm afraid I can't. など］
  b. 今夜ダンスパーティに行きますか。
    ［単に情報を求める質問で (37) と同じ］
(37) *Will* you *be coming* to the dance this evening?
(今夜ダンスパーティに行くのですか)［斜字体部は未来の行為がすでに計画・手配されていることを暗示する表現；返答は Yes, I think I will. / No, I would rather stay at home. など[1]］

---

[1] 上の疑問文と同じ意味を，主語がすでに行く意図をもっていることを示す表

(38) a. When *will* you pay back the money?
(いつになったら金を返してくれるつもりかい？)［これはかなりぶっきらぼうな表現なので，未来進行形（38b）を用いて当然の予定のように言うほうが柔らかな語調になる］

b. When *will* you *be paying* back the money?
(お金はいつ返してくれることになっているのですか？)

(以上，Quirk et al. (1985: §4.46))

進行アスペクトが用いられると「意図」の解釈の可能性が小さくなる：I'*ll see* you (tomorrow).［R 用法（＝約束）］/ I'*ll be seeing* you.［P 用法（＝手筈）（→ 9.2.3.5)］。3 人称主語が疑問文で用いられるときは，有意志動詞・無意志動詞にかかわりなく，主語の行為に対する聞き手の予想を尋ねることになるので，P 用法と考えるのが相当である。

(39) a. *Will* John bring his girl friend?
(ジョンはガールフレンドを連れて来るの？)［Allsop は，この文は 3 人称主語の行為に対する（話者の）特別な関心を示すと説明し，I hope he will bring her. を暗示するという］

b. *Will* John *be bringing* his girl friend? (Allsop (1987))
(ジョンはガールフレンドを連れて来ることになっているの？)

9.2. P 用法

学校文法で無意志未来といわれる非意志的用法に属するものがこの範疇に入る。R 用法の「意志・意図」は何らかの意味で「未来」と関わるので，R 用法なのかあるいは未来標識としての P 用法なのか，の区別がつきにくい場合がある。P 用法の場合は，本来，発話時点での「予測・推量」を表すものであるが，当然「未来」にか

現（＝Are you coming to ...?）によっても表すことができる。

かわる事柄を表すことになるので，R／P 二つの用法の差異を識別するのが困難なことがある。

9.2.1. 未来標識として

ある条件が整うと，物事が順当なまたは当然の帰結に至る，と話者が判断するときの用法であり，〈If ..., S will ...〉の形式で表されることが多い。比例比較級（The more ..., the more ...）の主節の部分や，〈命令文＋and ...〉形式において，and の後で will が生じることもある。いずれも相関表現とみなせる。

9.2.1.1. 〈If ..., S will ...〉

この形式の will はほとんどが P 用法で，数少ない R 用法で用いられる例は，帰結節の主語が 1・3 人称の場合である（→ 9.1.3.1）。

(40) "*If* I take June, Jane *will* be angry, and *if* Jane, June *will* be angry. What should I do?" "The obvious answer is not to go." (K)
（「ジューンを連れていけばジェーンが怒るし，ジェーンを連れていけばジューンが怒る。どうすればいい？」「わかりきった答えは，行かないことだ」）［2 番目の条件節は if (I take) Jane の（ ）の中を省略］

(41) *If* you ask at the travel agent's, they *will* make out a ticket for you.
（旅行代理店で頼めばチケットを用意してくれる）

(42) *If* you say that, you *will* make an enemy of my wife.
（君がそれを言うとぼくの妻を敵に回すことになる）［下線部が示しているように，［条件が満たされること］＝［帰結節の命題が成立することにつながる］，という響きがある］

これらの will は，次節の諸例と共に，話者が「物事の自然の［当然の］帰趨（きすう）」であると判断するときに用いる助動詞であるとみなせる。

9.2.1.2. 比例比較級の主節の部分／〈命令文＋and …〉の形式

(43) *The more* credit you give away, *the more will* come back to you. *The more* you help others, *the more* they *will* want to help you. (Brian Tracy)
（成し遂げた誉れを他人に帰すれば帰するほど，誉れはのちに自分に帰ってくる。他人を助ければ助けるほど，相手はこちらを助けたいと思うものだ）［比例比較級の主節で用いられている。第2文は習性・傾向を表すR用法とも解せる］

(44) *Do* as most men do *and* fewest *will* speak ill of you.
（《諺》世間並みにしておれば，めったに悪口を言われない）［世の中流れ渡り＝上手に世の中を渡って行くには，流れにそって身を任せたほうがいい，という意味］

(45) He's the king of Israel! *Let* him come down now from the cross, *and* we *will* believe in him. (Matthew 27:42)
（彼はイスラエルの王なのだ。いま十字架から降りてみよ。そうしたら信じよう）［3人称に対する命令文の後に and S will … が続いている。「意志」の will である（R用法）］

9.2.2. ファジーな例

will が R 用法か P 用法かを厳密に分けることが，特に if 節が明示されないときに，困難な場合がある。

(46) Always be nice to your children because they are the ones who *will* choose your rest home. (Phyllis Diller)
（子供たちには常々優しくしておきなさい，老人ホームを選んでくれるのは子供たちなのですから）［R用法に解釈すれば「選んでくれる」（意志），P用法に解釈すれば「選ぶことになる」（未来の予測）；両者を区別するのではなく，will の未来指標の用法，とすれば重箱の隅を楊枝でつつくような弊は避けられる］

(47) She*'ll* chatter away for hours on end *if* you give her a

chance.　　　　　　　　　　　　　　　　　　(Leech (1971))
(彼女は機会が与えられると何時間もぶっ続けにぺちゃくちゃ [①しゃべり続ける／②しゃべり続けるだろう]) [①は R 用法の「習性(性向)・傾向」の解釈 (It is characteristic of her to chatter away ...) であり，②は P 用法の「未来」の解釈 (It is predictable that she chatters away ...) である]

9.2.3. 推測・推量

will は主語の，現在・過去・未来における行為・状態に対する発話時点（＝現在）での推量を表す。話者の経験・習慣・常識などに基づいて引き出される推測である。論理的推論に基づく must よりも命題の事実性に対する話者の自信の度合いが大きいといわれている（→ 1.7）。ほかの多くの助動詞と同じく，to のつかない進行形不定詞 (be ～ing)・完了形不定詞 (have ～en)・無意志動詞の原形が後に続いて，さまざまな意味を表す。[2]

9.2.3.1. 現在の出来事・状態の推量

(48)　You *will* be tired after your long journey.
　　　(長い旅のあとお疲れのことでしょう) [I'm sure you are tired.]
(49)　It's not really worth going to the party now. It *will* be nearly finished by now.　　　　　　　　　　　　　　(K)
　　　(今頃パーティーに行ったって実際には仕方がない。もう終わりかけている頃だ)
(50)　You w*ill want to* bring a map with you to the park.
　　　(その遊園地へは案内地図を持って行くといいですよ)

(50) の want to は口語用法として，should/ought to の意味で用

---

[2] この用法の否定文は命題の否定であって，助動詞 will を否定するものではない： He will *not* come tomorrow. (＝I predict that he does *not* come.)。

いることがある：You *want to* see a doctor at once.（すぐ医者に診てもらうべきだ）/ You *don't want to* drive too fast.（運転でスピードを出し過ぎてはいけない）。(50) の指示時は未来で，Declerck のいう present modality / post-present actualisation が当てはまる。

(51)　You*'ll want to* see Fireworks Night!　Friday, June 28, vs. Cubs.
（花火の上がる夜にご来場を！6月28日金曜日。対カブス戦）

(51) は米大リーグ，マリナーズの本拠地（Safeco Field）のバックネット下に書かれていた広告文である。ナイトゲームの途中で大掛かりな花火を打ち上げるのであろう。上の広告で should see/ought to see を用いるのは相応しくない。will は，書き手（話者）が，読み手（聞き手）の望むかもしれない行為を推量の形で提示することにより，断言を避けた柔らかな表現になっている。相手（広告を見る人）に対する配慮（控えめ・敬意）の気持ちが表れている。この表現はさらに，You *will want to* teach your children good manners.（子供には行儀作法を教えましょう）というような使い方もする。

9.2.3.2.　過去の出来事・状態の推量
〈will have 〜en〉の形式で表す。後述の 9.2.3.4 節を参照。

9.2.3.3.　未来の出来事・状態の推量・予測

(52)　Tomorrow's weather *will* [*is going to*] be mild and dry.
(Declerck (1991))
（明日の天気は穏やかで乾燥するでしょう）［正式な天気予報では will を用いる：［　］は口語表現：The weather report said that it*'s going to* snow tonight, perhaps 5-10 inches. (Matreyek (1983))（天気予報で言ってたけど，今夜は雪で，5〜10インチ積もるって）］

(53) We'll have a storm tomorrow, by the feel of it. (K)

(あす嵐が来そうな感じだ) [自然現象は, 予め取り決めることはできないので推量・予測するしかない。ただし, すでに取り決めがなされている未来の出来事は, 単純時制で表す: We *have* a field day tomorrow. (あしたは運動会がある)]

(54) There *will* be time for questions after the meeting.

(Allsop (1987))

(会合の後, 質疑応答の時間があります) [there 構文では P 用法; Allsop は, 3 人称の主語では心的態度を表さず単なる事実を述べる用法 (a simple statement of fact with Ø attitude expressed) だという]

(55) So then each of us *will* [*shall*, *will have to*] give an account of himself to God. (Romans 14:12)

(それゆえに, 私たちは各々, 神に対して言い開きをすることになるのです) [[ ] 内は *NIV* (→ p. 9, fn. 8) 以外の英訳聖書で用いられている表現。話者の確信度の違いを第 1 章 (→ 1.7) でみたが, will のほうが must よりも強いことを示す例である。shall は「運命・預言の shall」といわれるもので, shall を用いた英訳は多い]

(56) I hope my headache *is* [*will be*] over tomorrow morning.

(Declerck (1991))

(この頭痛は明朝には治まっていると思う [いいのだが]) [hope, pray などに続く補文の述べている事柄が未来の事であることが明瞭な場合は, 直説法現在を用いることができる (Declerck (1991: §12.4.3)); ただし, 時制の照応があるときは, I *hoped* my headache *would be* [*was] over the next morning. のようになる]

9.2.3.4. 〈will have 〜en〉の用法・意味

①過去の出来事や状態に対する現在の推量, もしくは, ②現在完了の基準点である現在を未来の一時点に移して, その時までに完了 [経験, 継続] していると推量される出来事 (いわゆる未来完了と呼ば

れるもの）などを表す。

(57) a. John *will have arrived* home just now. （浅川・鎌田(1986)）
  （ジョンは今帰宅した頃だろう）［現在までに完了していると思えることについての推量］=①
  cf. He *won't have received* my letter yet.
    （彼はまだ私の手紙を受け取っていないだろう）［同上；命題否定である (I suppose he has *not* received …)］
 b. Most listeners *will have heard* of hormones.
  （視聴者のほとんどの方はホルモンについて聞いたことがあると思う）［現在までに経験していると思えることについての推量］=①

(58) You *will have heard* the news last night. (GL)
  （昨夜ニュースをお聞きになったことでしょう）［ある出来事が過去に行われた可能性についての現在の推量；(57), (58) とも発話時よりも前の時間領域の出来事 (ST < RT)］=①

(59) The child *will have been* about a month old when she died. (Declerck (1991))
  （その子が死んだのは生後1カ月ぐらいだっただろう）［発話時点から見た過去の状態の推量；The child *would* be … とも言える］=①

(60) People *will have forgotten* all about it in a month. (GL)
  （1カ月もたてばそんなことを世間の人は全く忘れてしまっているだろう）［未来のある時点に起きてしまっているような出来事についての推量で，未来完了といわれるもの］=②

(61) Do not eat the food of a stingy man … for he is the kind of a man who is always thinking about the cost …. You will vomit up the little you have eaten and *will have wasted* your compliments. (Proverbs 23: 6-8)
  （物惜しみする人のものを食べてはならない … 費用のことばかりを

考える手合いの人間だから。自分のお腹の中に入れた僅かばかりのものを吐きだし、お世辞を言ったのは無駄だったことになるから）［現在完了には、「〜したことになる」という意味の確認断言的な用法がある。これを未来に移した表現である；(60), (61) とも発話時よりも後の時間領域の出来事（ST ＞ RT)] ＝②

9.2.3.5. 〈will be 〜ing〉の意味 (cf. 9.1.6)

標題の形式には、「主語の未来の行為を事前に予告する」という基本的な意味があるようである（(63) 以降）。

(62) By now he *will be eating* dinner. (Leech (1971))
（彼は今頃は夕食をとっていることだろう）［現在時に進行していると思われる主語の行動についての推量］

(63) This time tomorrow I'*ll be sitting* in a train for Osaka.
（明日の今頃は大阪行きの列車の中にいることだろう）［未来のある時点において進行中と思える主語の行動についての予測；「未来進行形」という名称のとおりの意味］

(64) a. We may move someday, but *we'll be living* here for the foreseeable future. (K)
（いつかは引っ越すかもしれないが、ここ当分はこちらで暮らすことになります）［原形不定詞（will live）を用いると「意志」的解釈に取られやすいので、それを避けるための語法］

b. Thanks for the invitation! I shall be very happy to come—but I'*ll be coming* alone.
（ご招待有り難う。喜んで参りますが、一人で伺うことになります）［同上；cf. I *will* come alone. （一人で伺います）［意志・決断を表す R 用法］］

c. Until we have cured you, you *won't be leaving* here.
(Sinclair (1990))
（すっかり治るまではあなたがここを出ることはありません）［上

の二つの例と共に,「事前の取り決めあるいは決定のもとになされる行動」を予告；主語の意志とは無関係]

(65) With regard to your forthcoming visit, our Mr. R.T. *will be meeting* you at Narita on September 8 to assist you. Your schedule indicates you *will be flying* on NW007 scheduled to arrive at 5:45 P.M. Tokyo. To insure quick identification, Mr. T *will be carrying* a small LEMCO flag.

(Kurdyla (1986))

(このたびのご来訪につきましては,お役にたてるようにと我が社のR.T.が9月8日に成田に出迎えることになっております。お知らせいただいたスケジュールでは,東京に午後5時45分に到着予定のNW007便でお越しの由。我が社のTは,すぐに識別いただけるように,LEMCO印の小旗を持参しております)[3例とも,将来の出来事が計画・準備されているという含みがある。何かの取り決め・手筈がなされていることを書き手（＝話者）は理解しており,それに基づいて（事の当然の成り行きとして）予測している（＝…ことになっている）(Quirk et al. (1985: §4.46); 中野 (2012: §1.3.2))]。

9.2.4. 予測可能性とは？

(66) Your letter has been passed on to them for immediate action. You *should be hearing* from them shortly.

(Kurdyla (1986))

(貴信は,直ちに措置を講じる必要があるため,担当部署に回しておきました。近いうちに当該部署より連絡が参ると存じます)

上に見るように,〈be 〜ing〉は will または should と共起し,主語が将来行うと思われる行動・行為を,話者の側で何らかの根拠があって予測するときに用いられる。should も推量に用いられるが,話者の確信度は will よりも弱い。以下,Thomson and Martinet

(1988) が与えている例とパラフレーズである。

(67) a. Tom *should* know the address.
(住所はトムが知っているはずだ) [I expect Tom knows it.]
b. Tom*'ll* know the address.
(住所はきっとトムが知っているだろう) [I'm sure Tom knows it.]
(68) a. He *should have finished* by now.
(今頃は仕上げているはずだ) [I expect he has finished.]
b. He*'ll have finished* by now.
(今頃はきっと仕上げているだろう) [I'm sure he has finished.]

本章の冒頭で Leech が，予測可能性 (predictability) というなじみのない用語を用いていることに，しっくりしない感じを抱いたかもしれない。この語の意味は，動詞の定義に基づいていえば，「predict = to say that sth will happen in the future (OALD)（ある事柄が未来に生じることを述べる）」ということであるから，will には，意志・固執・習性・傾向などとは無関係な意味を表す用法があることを，Leech は指摘していたものと思われる。すなわち，本書でいう P 用法のことである。

第 1 章で検討したとおり，P 用法においては，命題の正しさに対する話者の確信の度合い，言葉を換えて言えば，命題成立の可能性に対する話者の判断の違いは，助動詞の違いによって表される。上の諸例で用いられた will の代わりに may, should, ought to, must を用いることができるということは，will がその（P 用法で用いられる）仲間であることの証左である。

第10章

SHALL

　北欧神話にノルン (the Norns) と呼ばれる<u>運命</u>をつかさどる三女神があった。過去の女神 (Urd), 現在の女神 (Verdandi), <u>未来</u>の女神 (Skuld) である。いっぽう, ゲルマン基語 (Proto-Germanic) に *skul-* ['to owe, be under obligation'（負う, <u>義務がある</u>, の意)] というのがあり, これは3番目の女神の綴りと関連がある。北欧諸語もゲルマン語系であることを考えれば, 上記下線部の意味を, ゲルマン語系である英語の shall は受け継いでいるといえる。1.5 節で指摘したように, shall はもともと過去形であったが, その原義である義務の意味は中期英語の時代に未来性 (futurity) を帯びるようになった。

　shall は, must や should が表す義務とは異なり, 人知を超えた何らかの力によって「～することになる」という意味であり, 命題の実現することが（運命のように）不可避であるというニュアンスがある。過去形の should は遠隔形 (remote form) なので, ほかの助動詞の過去形と同様, tentative の意味を帯びる。今日では shall は古めかしく感じられ, I, we が主語である疑問文でしか用いることはない。しかし以下の意味用法は, 現在においても見過ごすことのできないものである。

10.1. R 用法

10.1.1. 話者の決意

英語で決意を表すとき,通常用いる法助動詞は will である。しかし,公の場面で話者が決意を表そうと思うとき,will では軽いと感じて,shall を用いることがある。shall は,命題が実現することを話者が保証(約束)することを伝える。スピーチの場面での2文 (1a, b) を比較されたい。

(1) a. We shall fight and we *shall* win.
(われわれは断固として戦い,勝利するのだ)[斜字体部は,話者が勝利を約束している,と下に示した(本例文の)出典著者はコメントしている]
  b. We shall fight and we *will* win.

(以上,Thomson and Martinet (1988))
(断固として戦うのだ,そうすれば勝利するだろう)[will は見込みを表す]

(2) We propose [agree, have decided] that each member of the club *shall be* asked to pay a subscription of £10 a year.

(Close (1975))
(われわれは会員各位に年間10ポンドの会費を請求することを提案します[に同意します,に決定しました])[話者である理事会の決意であろう;斜字体部は should be もしくは be で置き換えることができる (→ 7.3.4)]

10.1.2. 話者の意志・意図

平叙文では,主語(2・3人称のことが多い)に対する話者の意志を表し,文脈によっては,約束や保証の意味にもなる。疑問文では,聞き手の意志(意向)を尋ねる表現になる。

(3) We *shall* seek out the author of this crime. (K)

(この犯罪の張本人を捜しだすぞ)［話者自らに義務を負わせている。前項の用法と紙一重である］

(4) You *shall* dearly pay for it.
(あとのたたりが恐ろしいぞ)［お前にその償いをさせてやる (I will make you pay for it.) の意；動詞の表す意味が好ましくない場合は脅しの意味になる］

cf. Do what you want. You *will* pay for this later.
(好きなようにすれば。ただで済まないわよ)［今日ではこのように will が用いられる］

(5) Very well, my dear. You *shall* have the coat.

(Sinclair (1990))

(分かったよ，おまえ。コートを買ってあげるよ)［動詞の表す意味が好ましい場合は約束を表す：cf. I promise I *will* buy you the coat.］

10.1.3. 疑問文

疑問文に限っていえば聞き手指向 (hearer-oriented) である。以前はすべての人称に用いることができたが，今日，2・3人称の主語で用いることはほとんどない。

10.1.3.1. 相手の意向を尋ねる

(6) a. *Shall* I paint it over in another color?
(もう一度別の色で塗りましょうか)［聞き手の希望を尋ねている：Do you want me to …?］

b. *Will* I paint it over in another color?
(私がもう一度別の色で塗るのですか)［未来に生じる事柄に関する情報を尋ねる質問］

(7) *Shall* I help you to more cake?
(もっとケーキを取ってさしあげましょうか)［答えは，Yes, please. /

No, thank you. など]

(8) What chapter *shall* we begin with?
    (どの章から始めましょうか)

(9) *Shall* I send them around, or will you call for them?　(K)
    (お送りしましょうか，それとも取りにお出でくださいますか)

(10) "*Shall* I crucify your king?" Pilate asked.　(John 18:11)
    (「あなたがたの王を私が十字架につけるのか」とピラトは尋ねた)
    [絶大な権限を持つ総督ピラトが群衆の意向を尋ねるのは奇妙である。冒頭で述べた不可避の響きがある]

(11) a. What time *will* we arrive?
       (何時に着きますか)[旅行中に乗客が運転手に尋ねるような状況 (You know the situation, please give me the information.)]
    b. What time *shall* we arrive?　(以上, Lewis (1986: 120))
       (何時に着くことにしましょうか)[2人の人間が未来の出来事の取り決めについて話し合っており，聞き手は inevitability (必然的状態) を創り出すことにあずかる (What time do you think it is appropriate for us to arrive?)]

10.1.3.2.　提案・勧誘

(12) *Shall* we talk about something different now?
                                        (Sinclair (1990))
    (もう話題を変えませんか)

(13) *Shall* we go and see a film?
    (映画を見に行きませんか)[cf. Let's go and see a film, *shall we*? [付加疑問]; cf. Let me explain to you how it works, *shall I*? (Declerck (1991)) (その仕組みがどうなっているのか説明させてもらえますか)]

(14) a. *Shan't* I have it tomorrow?
       (それを明日もらえませんか)

b. *Shall* I *not* have it tomorrow? (Palmer (1979))

（明日もらえないということになりますか）[not の位置に注意：not 以下が不可避の事柄]

(15) *Shall* you be back by the evening?

（夕方までにはお戻りになりますか）[will がふつうだが，意志（戻るつもり）と区別するための言い方]

(16) Where *shall* [*will*] we be this time tomorrow?

（明日の今頃は私たちはどこにいるだろうか）[単純未来]

10.1.4. 否定文

(17) You *shall not* be the loser by this.

（このことで君に損はさせない）[話者の意志（*I will not* allow you to be a loser …)]

(18) I *shall not* start before then.

（その時までは出発しません）[意図の意味を持つ助動詞を否定すると解することもできるし，命題を否定すると解することもできる。意味の違いはない：cf. I do *not* intend to start … / I intend *not* to start … (cf. 7.1.1)]

(19) I give them eternal life, and they *shall* never perish; no one *can* snatch them out of my hand. (John 10:28)

（わたしは彼らに永遠の命を与えます。彼らが滅びることは決してありません。誰も私の手から彼らを奪い去ることはできません）[話し手であるイエスの意志（… させない）が表れた表現である。shall を「神意・預言の shall」と解することもできる。また，文中の can を shall とした英訳聖書が多く，これもイエスの意志の表れと見ることができる]

10.1.5. 命　令

今日では，公的な指示や規則，あるいは形式ばった法律文書など

で，3人称を主語として用いられる。

(20) Yachts *shall* go round the course, passing the marks in the correct order. (Thomson and Martinet (1988))
(艇は各標識を正しい順序で通過してコースを周回すること)［ヨットレースの規則］

(21) The board *shall* meet at the call of its chairman or the director, or at the request of any four members of the board. (leginfo.ca.gov)
(委員会は，委員長もしくは理事が招集したとき，あるいは4人の委員の要請があったとき，これを開催しなければならない)

(22) Candidates *shall* remain in their seats until all the papers have been collected. (OALD)
(受験者は解答用紙がすべて回収されるまで席を立ってはならない)

(23) You *shall* not steal. (Exodus 20:15)
(あなたは盗んではならない)［この古風な表現を多くの現代英訳聖書が踏襲している。命令のshallはmust, be toで置き換えることができる(Thomson and Martinet (1988: §282))。この指摘どおり，must not, are not toを使った聖書もある］

10.1.6. 間接話法

直接話法の被伝達節で用いられているshallが表す申し出・提案などの意味に応じて，間接話法ではwould, shouldを使い分けたり，別の構文に書き換えたりする必要がある。検討する例文としては，伝達動詞が過去時制で疑問文の場合を取り上げる。

(24) "Where *shall* I park the car?" he said.
(どこに車を停めておきましょうか)［⇒ He asked where he *should* [*was to*] park the car. / He asked where to park the car.［相手（聞き手）の意向］］

(25) She said to me, "*Shall* I help you pack?"

(荷づくりを手伝いましょうか)[⇒ She asked me whether she *should* help me pack. / She offered to help me pack. [申し出]]

(26) He said, "*Shall* we meet at the station?"
(駅で待ち合わせることにしましょうか)[⇒ He suggested meeting [that we meet] at the station. [提案]]

(27) She said to me, "*Shall* I be seeing you next week?"
(来週お目にかかる機会があるでしょうか)[⇒ She asked me if she *would* be seeing me the next week. [意志と無関係の未来]]

(28) "*Shall* I ever see them again?" she wondered.
(Thomson and Martinet (1988))
(「いつか彼らにまた会うことがあるだろうか」と彼女は思った)
[⇒ She wondered if she *would* ever see them again. [単純未来→間接疑問文]]

(29) Joe said, "I *shall* see you later." ⇒ Joe said that he *would* see us later.　(Celce-Murcia and Larsen-Freeman (1983))
(ジョーは言った,「あなたがたにはあとで会います」)[単純未来; should にすると元の文と意味が異なる]

10.1.7　慣用句

以下の文の斜字体部は,言葉を選んで発話の中に挿入する言い方で,「いうなれば,なんと言うか,まあ言ってみれば」というような意味である。

(30) He's, *shall we say*, pleasing to the eye.
(彼は,なんて言うか,見た目に感じのよい人です)

(31) Being made to jump through hoops is, *shall we say*, not my style.
(跳んで輪の中を通り抜けさせられるのは,言ってみれば,私の流儀に反するのです)

10.2. P用法

shall は 1 人称主語と共に用いられ、未来を表す。shall の後に本動詞のみが続く場合と、相表現が続く場合がある。

10.2.1. 未　来（1 人称主語）

(32) At this pace we *shall not* be in time.
(このペースでは間に合わないだろう)［命題否定である：It is predictable [I predict] that we will *not* be in time.］

(33) How *shall* we be able to find the right way?
(どうしたら正しい方法が見つかるでしょうか)

(34) "Then you *will* know the truth, and the truth *will* set you free." "How can you say that we *shall* be set free?"

(John 8:32, 33)

(「そうすればあなた方は真理を知り、真理はあなた方を自由にするでしょう」「私たちが自由にされるとどうして言えるのですか」)［二つの will は無意志未来で shall も同様：主語に対応している；斜字体は 3 箇所とも P 用法］

10.2.2. 相表現との共起

⟨be 〜ing⟩ 形が shall の後に続く場合、コントロールできないような確かと思える未来の出来事や状況について予告する表現となる。主に英式表現で、⟨will be 〜ing⟩ に対応する。⟨have 〜en⟩ が続く場合は、出来事が未来のある時点までに終了していることを意味する。

(35) I *shall be leaving* as soon as I am ready.　(Sinclair (1990))
(準備ができ次第、出立することになっています)

(36) What *shall* I *be doing* this year?
(今年は何をすることになるのだろうか)［聞き手の意向を尋ねてい

るのではない]

(37) We *shall be carrying* on business next door during rebuilding.
(改築中は隣で営業する運びになっております)[未来の一定期間行為が継続することを表す (Hornby (1956: §47d))]

(38) We *shall be entertaining* one hundred people for dinner tonight. (以上, K)
(今晩 100 人のお客を晩餐で接待する予定です)

(39) We *shall be giving* it very careful thought.
(その件は慎重に考えるつもりです)[Coates (1983) はこの文に対し, 話者が関わり合いを避けようとしている, とコメントしている]

(40) I *shall* [*will*] *have left* Paris by that time.
(その時までにはパリを離れているだろう)

10.2.3. 従属節の中で

if, till, when などに導かれる副詞節や関係詞節などの中で用いられる古い用法である。

(41) If it *shall* be fine tomorrow, I shall go.
(あす天気なら行きます)[副詞節]

(42) Farewell till we *shall* meet again. (以上, K 大)
(今度お会いするまでさようなら)[副詞節]

(43) When this letter *shall* fall into your hands, I shall have disappeared. (CR)
(この手紙があなたの手に入る頃には私は姿を消していることでしょう)[副詞節]

(44) I have to hurry so that I *shall* catch the train. (R 大)
(列車に乗り遅れないように急がねばならない)[副詞節；shall よりも may, can が普通]

(45) I will never marry a man who *shall* not learn refinement

enough. (CR)

(上品さを十分に身につけないような人とは決して結婚しません)
[関係詞節]

(46) I say the time is coming when she *shall* be rich. It has been a long time coming, but it must come at last.

(C. Dickens [吉川 (1957)])

(彼女が金持ちになる時が確かに近づいている。来るのがずいぶん遅かったが、ついにやってくるべき運命だったのである) [関係詞節]

(47) I insist that he *shall* be dismissed.

(彼を解任するよう強く要求します) [名詞節] [今日では、... he (*should*) *be* dismissed という言い方をする]

第 11 章

NEED

　法助動詞としての need は，否定文と疑問文でしか用いられない。否定文では，R 用法では「必要がない」こと，P 用法では「必然性がない」ことを表し，ともに must（... しなければならない／... にちがいない）の否定（... する必要はない／... とは限らない）に相当する。現在形と過去形は同形であり，そのため，従属節において時制の一致が必要なときは need [*needed] で受ける。また，独立節においても，過去時制として用いることがある。you が主語の場合，話者の不満を表現することがある。疑問文では must よりも多く使われるが，聞き手の側に義務を課す権威があることが明らかな場合は，must を用いなければならない。使用例の 90% 近くが R 用法だといわれている。今日では，英米ともに，本動詞の need to を用いる傾向がある。肯定文にも用いることのできる便利さがあるからであろう。

11.1.　R 用法

11.1.1.　否定文・疑問文

　否定文といっても必ずしも not が必要というわけではない。上位の節に否定語があるか，あるいは否定の意味が含意されていればよい。準否定辞の位置は need の前後いずれでもよい。mustn't は

necessary-not を表し，needn't は not-necessary を表す ((2))。

(1) a. I *need hardly* [*scarcely*] remind you.
    (念を押す必要はほとんどない)
   b. I *hardly* [*scarcely*] *need* remind you. (以上，Close (1975))
    (同上)

(2) a. Beth *needn't* go.
    (ベスは行くに及ばない)[法否定：It *isn't* necessary for Beth to go.]
   b. Beth *mustn't* go.
    (ベスは行ってはならない)[命題否定：It's necessary for Beth *not* to go.]

(3) I think we *mustn't* worry too much about this.
    (このことをあまり気にしてはいけないと思う)[下の例と比較]

(4) I *don't* think we *need* worry about that any more now.
    (そのことをもうこれ以上気にする必要はないと思う)[元の文である 'I think we need *not* worry ...' の否定辞繰り上げ (negative raising) によって生じた文で，否定辞は need に作用している]

(Palmer (1979))

(5) Nothing *need* be done about this till next week.　　(CDO)
    (この件については来週まで何もしないでよい)

(6) Weston *need not* spend a single evening alone if he did not like it.　　(ibid.)
    (ウェストンは気に染まなければ一晩たりとも独りで過ごす必要はなかった)[need は過去時制]

(7) The threat is *not* one that I think we *need* take seriously.

(Declerck (1991))

(その脅しは本気に受け止める必要はないと思えるものだ)[連鎖関係詞節の中で；上位の節に否定辞がある (→ (4))]

(8) *Little need* I dwell upon the joy of the reunion.

(再会[同窓会]の喜びについて長々と話す必要もあるまい)[否定辞 (little) を文頭に置いたための倒置]

(9) a. You *needn't* laugh! It'll be your turn next! (CDO)
   (笑わなくてもいいじゃないですか。この次はあなたの番ですよ)
   [相手の態度に不満を述べる:you needn't の形が多い]

   b. You *needn't* be so nasty about it. (K)
   (そのことでそんなに意地悪くなる必要はないじゃないですか)
   [同上]

(10) a. The hedges *needn't* be trimmed this week, Smith.
   (スミスさん,今週は生け垣の刈り込みはしなくていいわよ)[相手への思いやり,あるいは別の仕事をしてもらうためなど,話者の考えが表出されている]

   b. The hedges *don't need to* be trimmed this week, Smith.
   (以上, Leech (1971: §143))
   (スミスさん,今週は生け垣の刈り込みの必要はないわ)[本動詞;まだ見苦しいほど伸びていないなど,主語の状況から必要を判断]

11.1.2. 時制の一致

(11) It s*truck* him that he *need not* [**needed not*] tell any more lies.
   (彼は,もう嘘なんかつかなくたっていいんだ,とふと思った)
   [need は過去形]

(12) I *told* him he *need not* [*had not to*, *didn't have to*] see the president. (以上, 田桐)
   (彼には社長に会う必要はないと言ってやった)[didn't have to は口語表現]

11.1.3. 〈needn't have 〜en〉の意味

過去になされた行為が,「(実は) その必要はなかった」と, 発話時点で話者が判断する言い方で, ノニ用法である。

(13) a. You *needn't have walked* up six flights of stairs; you could have taken a lift.
   (階段を6つも上らなくてもよかったのに。エレベーターを使うこともできたろうに)
   b. She *needn't have stood* in a queue; she could have got a ticket from the machine.
   (列に並ぶこともなかったのに。チケットは券売機で買えたでしょうに) [Thomson and Martinet (1988) は, 〈needn't have 〜en〉の後には, しばしば〈could have 〜en〉を用いた文が続くという]

(14) a. She *needn't have stood* in a queue.
   (彼女は列に並ぶこともなかったのに) [= It was not necessary to do this, but she did it.]
   b. She *shouldn't have stood* in a queue.
   (彼女は列に並ぶことはなかったのだ) [非難を含意する: (= It was wrong [foolish] of her to stand …)]

   (以上, Thomson and Martinet (1988))

(15) You *needn't have worried*—it all turned out fine.   (OALD)
   (心配する必要はなかったのに。すべてうまく行ったんだ) [= It was not necessary for you to worry, but you did.]

(16) You *needn't have woken* me up. I don't have to go to work today.   (柏野・内木場 (1991))
   (僕を起こす必要はなかったのに。今日は仕事に行かなくてもいいんだ) [現在または未来を表す文が後に続くこともある]

11.1.4. need to / have to / must（比較）

need to を have to と同じく疑似法助動詞とみなして差し支えない。両者とも肯定文で用いることができるし，交換が可能な場合もある。しかし，主語とは無関係の外部的事情による必要を表す場合には，通常 have to を用いる。need to は次のように，主語自身に関係する事柄についての必要に言及するのが特徴である。

(17) He *needs to* earn more money if he is to buy a car.
（車を買うつもりならもっと稼ぐ必要がある）[主語個人の特定の目的のための必要を表すとき]

(18) a. You *need to* have a bath.
（君は風呂に入る必要がある）[例えば体が汚れているなど，主語の個人的な必要が含意されているとき (→ (19b))]

b. You *must* have a bath.
（風呂に入りなさい）[(= I want you to …)]

(以上，Declerck (1991))

cf. I'll *need to* [*have to*] work overtime tonight.
（今夜は残業が必要となろう）[交換可能]

Leech (1971: §143) によれば，強制力の強さは，must > need to > ought to である。齋藤によれば，need to のほうが must よりも強い。idiolect の違いがここでも見てとれる。この三つの（疑似）法助動詞の意味の違いを探る。

(19) a. You *must* get a haircut.
（散髪しなさい）[You will do so, because I say so. を含意；話者の権威で散髪の義務を課していて，命題の実現を確信している]

b. You *need to* get a haircut.
（君は散髪が必要だ）[主語自身の状況（髪が長い，見苦しいなど）が主語に散髪の必要を課している，と話者が判断；実現の確

信度は中間]

    c. You *ought to* get a haircut.

        （君は散髪をすべきだ）[This is my advice, but I don't know whether you will or not. を含意；命題の実現に疑念がある]

(20) He *needn't* [*doesn't have to, does not need to, hasn't got to*] tell anybody.

    （誰にも話す必要はない）[It is not necessary for him to ... (Declerck (1991: 384))]

11.1.5. 疑問文と応答文

(21) *Need* I ring you tomorrow?   (Declerck (1991))

    （明日電話を差し上げなければなりませんか）[疑問文は否定の答えを予期する（= I don't expect I will have to ring you.）]

(22) *Need* you go so soon?

    （そんなにすぐに行かなければならないの）

(23) You needn't go yet, *need* you?   (K 大)

    （まだ帰らなくてもいいのでしょう）[付加疑問]

(24) "*Must* [*Need*] I go at once, Father?"

    a. "No, you *don't need to* do so."

    b. "No, you *need not* [*needn't*]."

    c. "No, you *don't need to*."

    d. "No, you *don't have to*."   （田桐・その他）

    （「お父さん，僕すぐに行かなければならないの」「いや，その必要はない」）[(c, d) が最も口語的]

(25) *Need* I have a passport?

    （パスポートの所有が必要ですか）

    cf. Do I *have to* have a passport? (同上)

        [上の疑問文と意味の違いはほとんどない]

    a. Yes, I'm afraid you *must*.

(はい，必要です)［(25) の応答文］

    b. Yes, I'm afraid you *have to*.

(同上)［上の二つの質問に対し，どちらの応答文でも答えることができる］

(以上，Leech (1971))

(26) *Needn't* he come with us?

(彼はいっしょに来なくてもいいの？)［否定疑問］

    cf. I wonder *if* [*whether*] we *need* take sleeping bags.

(柏野・内木場 (1991))

(寝袋を持って行く必要があるのだろうか)［間接疑問文 (← Need we take ...?)］

11.1.6. 否定を含意する文中で

(27) a. You *need only* push a button to find the station you want. (K)

(自分が望む局を見つけるにはボタンを押すだけでよい)［only = *no* more than, *nothing* except で否定を含意する］

    b. He *need* do it *only* under these circumstances.

(それは，このような状況以外にはする必要はない)［only = in *no* other situation］

(28) I was happy—*all* I *need* do was to live there.

(MEG IV, 1.7(1))

(私は幸せだった—必要なのはただそこで暮らすことだけだった)［否定を含意 (all = the only thing)；need は過去形］

(29) You *need* do it *but once*.

(それはただ一度すればよい)［but once = *never* but once］

(30) *Don't* spend more money than you *need*. (齋藤)

(要らぬ金を使うな)［(= Don't spend money when you need not spend it.)；than 節は肯定でなければならない (中野 (2012: §3.4))］

11.2. P 用法

11.2.1. 否定文

R 用法では,「必要・義務」を表す must の否定表現として need not が用いられることを見た。同様に, 確信的推定・論理的必然性を表す must (...にちがいない) の P 用法の否定も need not (...とは限らない) が担う。

(31) Going to the dentist *need not* necessarily be a painful experience.　　　　　　　　　　　　　　　　　　　(LDCE)
　　　(歯科医のところへ行くことイコール痛い経験をする, というわけではない)

(32) It's a wonderful way of getting to see Italy, and it *needn't* cost very much.　　　　　　　　　　　　　　(CDO)
　　　(それはイタリアを観光するすばらしい方法であり, しかも大してお金がかかるものではない) [get to = manage to]

(33) Peace *need not* be impracticable, and war *need not* be inevitable.　　　　　　　　　　　(John F. Kennedy [pbs.org])
　　　(平和は必ずしも実現不可能ではないし, 戦争が避けられないものとも限らない)

(34) Such a method *need not* guarantee true conclusions; it might just make them more likely.　　(philosophy.ox.ac.uk)
　　　(そのような方法は必ずしも間違いのない結論を保証するものではない。もしかするとそのような結論になる可能性が大きくなるだろう, ということだ)

(35) a. It *needn't* be true.
　　　　　(それは本当とは限らない) [法 (必然性) 否定: It *isn't* necessarily the case that it's true. ⇔ It *must* be true. (それは本当に違いない) [必然性 = It is certainly [necessarily] the case that it is true.]]

b. It *can't* be true.

   (本当のはずがない) [法 (可能性) 否定 = It is *not* possible that it is true. ⇔ It *may* be true. (本当かもしれない) [可能性 = It is possible that it is true.]]

従来，P 用法においては，must not の代わりに can't を用いるとされてきた。must の否定が can't であるという主張を否定するものではないが，上記 (35a, b) のような対を考えれば，必然性は必然性に，可能性は可能性に対応するので，4.2.1 節のような込み入った考え方をしないで済む。むしろ，It *must* be true. の否定は，It *needn't* be true. とすべきである。この問題を論理学的視点から扱った論考が太田 (1983: Ch. 11) にある。

11.2.2. 疑問文

(36) a. *Need* someone be lying?

   (誰か嘘をついているのではないか) [きっと，の意]

   b. Does someone *have to* be lying? (同上)

   (i) Yes, they *must* be. (そうに違いありません)

   (ii) Yes, they *have to* be. (同上)

   (以上，Leech (1971 §129))

二つの疑問文 (36a, b) の間に意味の違いはほとんどない。この二つの質問に対し，(i), (ii) のどの応答文でも答えることができる。

第 12 章

DARE

　dare には助動詞と本動詞の二つの用法がある。助動詞としての用法は，疑問文か否定文（あるいはそれらに類するような意味合いを持つ言語文脈）の中でしか用いられない。古風・詩的な響きがあるので，今日ではあまり用いられない。過去形は dared not であるが，極めてまれなかしこまった言い方であり，従属節では daren't を用いる。今日では，dare は後ろに to 不定詞を従える本動詞として用いるのが普通である。[1] 本動詞として用いる場合は，肯定文で用いることが可能であり，疑問文・否定文にするためには do の支えが必要である。以下の用例で to が用いられている場合は本動詞であるが，助動詞と本動詞との境界が fuzzy であり，脚注で指摘されているとおり shifting である。dare not = be afraid to で書き換えられるので，主語指向の R 用法とみなす。

---

[1] Celce-Murcia and Larsen-Freeman (1983) は，法助動詞に約 20 ページを充て，その扱いは総じて軽いが，特に need と dare については，archaic or shifting modals（古風ないし（たぶん，本動詞か助動詞かという意味で）揺れのある法助動詞）だとして，1 行も扱っていない。いっぽう，Declerck (1991) は法助動詞に約 70 ページを充てている。両書とも文法全般を扱っているので，何を重要事項とみなすのかについての著者の見方が分かる。

12.1. 否定文

(1) After the sound thrashing I gave him, he *dared not* show his face. (齋藤)
(彼をしたたか殴ってやった後，彼は顔を出す勇気もなかった) [本動詞で表すと did not dare to ; cf. He was afraid to show his face.]

(2) He says [said] that the children *daren't* go out and play. (GL)
(子供たちには外へ出て遊ぶ勇気がないと彼は言っている [言った]) [過去時制の間接話法では daren't は過去形 (= didn't dare to) として用いることが多い；dared not の形はほとんど用いられない]

(3) *None* of the disciples *dared* ask him, "Who are you?" (John 21:12)
(弟子のうち誰一人として「あなたは誰ですか」と敢えて尋ねる者はいなかった) [過去時制として dared が用いられた例]

(4) I wanted to go, but I *daren't*.
(私は行きたかったがその勇気がなかった) [= I didn't dare to.]

(5) She *hardly dared* hope that he was alive. (LDCE)
(彼女には彼が生きているとはほとんど期待できなかった) [準否定]

(6) Inflation is a problem which *dare not* be neglected. (Palmer (1979))
(インフレは看過できない問題である) [受動態 (主語指向的ではないが適格文)]

12.2. 疑問文

(7) *Dare* he fight me? (GL)
(奴め，不敵にもこのおれと一戦交えようというのか) [Does he have the courage to …? / Is he bold enough to …?]

(8) *Did* she *dare* (to) ask for a raise? (G大)

(彼女は昇給のことを口にする度胸がありましたか)［本動詞として］

(9) *How dare* you [he] say such a thing!

(おまえ［あいつ］よくもそんなことが言えるな)［強い非難・咎め；本動詞の dare にはない意味である：定型表現］

(10) *How dare* you? Give that back to me at once.

(Declerck (1991))

(なんと厚かましい。それをすぐに返してくれよ)［2人称主語の場合は，話者の憤りの気持ちを表す；疑問文の省略部分は，例えば，use my dictionary without asking? などが考えられる］

(11) *Dare* we go in yet?

(もう思い切って入りましょうか)［= Do we *dare* (to) go in yet? (上よりも口語的)］

(12) *Dare* I ask him?

(思い切って彼に尋ねてみようか)

a. No, you *daren't*.

(いやそんなことはできない)

b. Try it if you *dare*.

(敢えてやるというのならやってみろよ)［肯定の返事に，*Yes, you dare は使わない］ (以上，小西)

(13) We dare not go yet, *dare* [*do*] we? (G大)

(敢えて行くことはまだしませんよね)［付加疑問では do を用いることもある］

12.3. 間接疑問文

(14) I wonder *whether* [*if*] he *dare* come to this dangerous place again.

(彼にはこの危険な場所にもう一度来る勇気があるかしら)［3人称・単数・現在でも -s をつけない (助動詞の特徴)］

(15) I wonder *if* he'll *dare* (to) propose to her. (G 大)
(彼は彼女にプロポーズする勇気があるだろうか)

(15)のように，dare が助動詞 will の後に続いていることは本動詞としての働きであり，to を用いずに動詞の原形 propose を直後に従えていることは助動詞の働きを示している。すなわち，dare は助動詞と本動詞との中間的な動詞といえる。

12.4. 肯定文の例

(16) *I dare say* you are thirsty after all that tennis. (Swan (1980))
(あれだけテニスをしたのですからたぶん喉が渇いているでしょうね)［(=I suppose; maybe) 慣用句として，ふつう文頭・文尾で用いる (=I daresay)］

(17) "Mummy, can I use this towel to rub the paint dry?" "*You dare!* [*Don't you dare!*]" (Declerck (1991))
(「ママ，ペンキをふき取るのにこのタオルを使ってもいい？」「とんでもない［そんなことしないで］」)［無茶な行為を思いとどまらせるときの定型表現］

(18) The time has passed when scientists *dared* be cold-blooded, or when poets, artists, and philosophers *dared* be inaccurate and illogical. (CR)
(科学者が冷淡でいられ，また詩人・芸術家・哲学者が不正確・不合理でいられる時はもう過ぎた)［肯定文で用いられている珍しい例。ただし，当辞典では他動詞扱い］

12.5. 慣用表現

(19) "But I drive on the left in England." "*I daresay* you do, but we drive on the right." (Thomson and Martinet (1988))

(「でも英国では，車は左側を走ります」「それはそうですが，ここでは右側通行です」）[(16) のほかに本例のような使い方もする（= I expect/imagine)；警官とのやり取り]

(20) *Don't you dare* talk to me like that! (LDCE)
(おれに向かってそんな口のきき方をするな[すると承知しないぞ])
[斜字体部は警告の定型表現]

 cf. *Dare* to be different.
  （人と異なっている勇気を持ちなさい）[本動詞；法助動詞は命令文には用いられない]

(21) I thought the play was, *dare I say it*, boring. (LDCE)
（芝居は，言わせてもらえば，退屈だと思った）

(22) a. *How dare you* open my letters?
  （よくも私の手紙を開封したわね）[I am angry with you for opening them.]

 b. *How dared* he complain?
  （あいつよくも不平を言えたもんだ）[I am indignant because he complained.；感情的な言い方]

(Thomson and Martinet (1988))

12.6. 助動詞と本動詞との中間的な性質の dare

　本動詞として用いる場合は，すべての時制で用いることができる。すでに見たように ((8), (15))，本動詞としての用法であるにもかかわらず，否定文・疑問文では，ときに to のない原形不定詞を従えることがある。以下では，dare が第一助動詞（→ 1.1)，あるいは第二助動詞である法助動詞と結びつく様子を，それぞれ (23) と (24) の例によって確認する。

(23) a. *I didn't dare* speak or move. (Sinclair (1990))
  （口を利く勇気も体を動かす勇気もなかった）[Sinclair は一貫し

て to のない用法を現代の正用法としている]

b. I *have never dared* (to) contradict him. (K 大)
(彼に敢えて反対したことは一度もない)[現在完了の過去分詞として用いられている＝本動詞の扱い； to を用いない場合＝助動詞の扱い]

(24) a. No one *will dare* override what the towns decide.

(Sinclair (1990))

(誰も町の決定を敢えて覆そうとはしないだろう)[法助動詞の後]

b. She *wouldn't dare* look him in the face.
(彼女は彼の顔をまともに見ようとはしないだろう)[同上]

c. I *should not dare* dogmatize about a matter such as this.

(Sinclair (1990))

(このような問題について厚かましくも独断的に話すべきではないだろう)[同上]

(25) a. How *dare* you operate this machinery without proper training?
(然るべき訓練を受けていないくせによくもこの機械を操作できるな)[助動詞：話者の憤りの気持ちが表れている]

b. How *do* you *dare to* operate this machinery without proper training?
(然るべき訓練を受けずにどうすれば思い切ってこの機械を操作できるのですか)[本動詞：情報を求める客観的な質問]

(以上, AHD)

第 III 部

疑似法助動詞

　法助動詞の will はその場での決断を表すことはできるが，発話前から意図していたことを述べることはできない。その目的のためには，be going to を用いるのが相応しい。過去において特定の行為を成功させた（～することができた）という意味で could を用いることはできない。その意味を担うのは was [were] able to である。must は過去時の「必要（ねばならなかった）」の意味を表すことができず，had to の助けを借りなければならない。このように，意味的また統語的に法助動詞の不備を補完する動詞慣用句のうち，6つを選んで疑似法助動詞とする。これらは，①命令文では用いられない，②（例外はあるが do の支えを必要とせず）主語の倒置によって疑問文を作れる，③否定文を作るのに（例外はあるが）do の助けを必要としない，④直後に原形不定詞を従えるなど，統語的にも助動詞に似た振る舞いをする。これら疑似法助動詞を，意味的に類似する法助動詞と対比させて検討する。

第 13 章

OUGHT TO

　標記の疑似法助動詞は，R 用法の「義務」や P 用法の「論理的推量」を表す点で，should と似た振る舞いをする。しかし，ought to には should がもつ意味用法のうちで欠けたものもある。仮定法で用いることはできないし，命令・要求・主張などを表すときの that 節で用いることもできない。また，驚きや意外などの感情的なニュアンスを伝えることもできない。should としばしば交換可能であるが，ought to よりも should のほうが話し手の主観性は強いといわれる。ought to は，強勢を受けることの多い話し言葉の R 用法で使われる場合が圧倒的に多く，P 用法でも，どちらかといえば，書き言葉よりも話し言葉に多く見られる。ought to は should よりもくだけた文体の表現だと言われるゆえんである。

13.1.　R 用法

13.1.1.　義務・勧告・提案
　社会的規律に基づく「客観的必要」や「道徳的義務」などから「そうすべき義務がある，そうするのが当然である」という話し手の判断を表し，文脈によっては忠告・勧告の意味にもなる。主語に課される「義務」の強さの度合いは，ほぼ should < ought to < have to < must である（G 大）。以下で，いくつかの書き換えの例を示

してあるが，Declerck は should/ought to の基本的な意味として，'It is right [proper, correct, decent, etc.] to' を示している。

(1) You *ought to* obey your parents.
 (両親には従うべきである) [道徳的義務 (It is your duty to … / It is the right thing for you to …)]

(2) People *ought to* be better informed about what marriage entails.
 (結婚には何が伴うのかについて皆もっとよく知っているべきだ) [主語にとって好ましい事柄である場合，勧告・忠告の意味になる (= It is advisable (for people) to …)]

(3) Teachers *ought to* spend more time on teaching grammar.
　　　　　　　　　　　　　　　　　　　　　　　(Declerck (1991))
 (教師は文法を教えることにもっと時間を使うべきだ) [見出しに示した助動詞の意味の解釈は，聞き手によって異なるかもしれない]

(4) You *ought to* hear her play the violin!　　　　　　(R 大)
 (彼女がバイオリンを弾くのを一度聞いてごらん，すごいぞ [ひどいぞ]) [(= It is highly desirable for you to hear …)；過去表現にすると，You *ought to have heard* her play the violin. (彼女がバイオリンを弾くのを一度聞かせたかったよ) (It was a pity that you didn't hear …) となる]

(5) You all *ought to* take them somewhere else for a change so they would see different parts of the world and be broad.　　　　　　　　　　　(F. O'Connor [大江 (1983: 55)])
 (皆さんは，彼らが世の中のさまざまな地域を見て知識を広げられるように，たまには彼らをどこかほかの場所へ連れて行ったらいい)
 cf. This porcelain *wants to* be treated very cautiously.
　　(Declerck (1991)) (この磁器は慎重に取り扱うべきです) /
　　You *want to* see a solicitor about your divorce. (あなたの離婚については弁護士に会って相談すべきです) [これの丁

寧な表現が will want to (→ 9.2.3.1) であろう〕

(5) の so 以下の目的節に，may [can, will] ではなく，過去形の would が用いられていることについて，英語を母語としている人は ought to を「過去形」という感じで捉えているからではないか，と大江はコメントしている (1.5 節の脚注 10)。何かを奨励・勧告する言い方は日英ともに多くある。

13.1.2. 疑問文・付加疑問

(6) What sort of crimes *ought* the police *to* concentrate on?
(LDCE)
(警察はどの種の犯罪に力を注ぐべきだろうか)

(7) "*Ought* you *to* go now?" "Yes, I think I *ought* (*to*)."
(G 大)
(「もう出かけたほうがいいのではありませんか」「ええ，そのようです」)

(8) We *ought to* go, *ought* we *not* [*oughtn't* we, *should* we *not, shouldn't* we]? (Close (1975))
(われわれが行くべきでしょうかね)〔付加疑問；Declerck (1991) は，shouldn't we? が好まれるという〕

イギリス系のある辞書の注記に，Should can be used in the same way as *ought to* and is more common, especially in negatives and questions. (should は ought to と同じように用いられ，しかも一層よく用いられる，特に否定文と疑問文の場合に) とある。R 大の注記も同様の趣旨を述べている：「否定の疑問文 *Ought*n't we to do …? [*Ought* we not do …?] は一般に避けられ，代用として Shouldn't we do …? Should we not do …? などが用いられる」。これらの注記に対し，Quirk et al. (1985: §3.43) は，疑問文・否定文では to のない形が広く用いられ，この形のほうを好む人もいるとして，次のよう

な例を挙げている。

(9) a. *Ought* we (*to*) have done it?
(それはすべきことだったの)
b. They *ought not* (*to*) do that sort of thing.
(そのようなことはすべきではない)
c. *Oughtn't* we (*to*) send for the police?
(警察を呼ぶべきではないの)

13.1.3. 時制の一致

もともと過去形であるから、時制の一致による変化はない。

(10) I too *was* convinced that I *ought to* do all that was possible to oppose the name of Jesus of Nazareth.　　(Acts 26:9)
(ナザレのイエスの名に逆らうためにできる限りのことをすべきだと、私も確信していたのです) [時制の一致で過去用法 (= It was necessary for me to oppose ... / It was my duty to oppose ...)]

13.1.4. 相表現との共起

〈ought to have 〜en〉は、過去形法助動詞の場合がそうであったように、複数の解釈がある ((12)-(16))。

(11) a. We *ought to be leaving* now.
(もうおいとましなければなりません) [現在、辞去する義務を果たしていない、という意味を伝える]
b. He *ought to be studying* for his exam.
(Thomson and Martinet (1988))
(彼は現在、試験勉強をしているべきなのに) [But he is not studying. を含意：進行形不定詞が続くと、現在、義務を果たしていないという意味 (= 反事実) を表す]
c. You really *ought to be buying* something a bit modern

and a bit more expensive. (Palmer (1979))
(何かもうちょっと現代的な,もうちょっと値の張るものを買えばよいのに)[but you are not を含意]

(12) a. You *ought to have told* him that the paint on the seat was wet. (Thomson and Martinet (1988))
(座部がペンキの塗りたてであることを彼に告げるべきだったのに)[① R 用法:過去に然るべき行為を怠ったことを表すノニ用法]

b. He *oughtn't to* [*ought not to*] *have refused*.
(断るべきではなかったのに)[① R 用法:この文の後に続く文として,Why *has* he *refused*? / Why *did* he refuse? の両方が可能である。すなわち完了形不定詞は,発話時点以前のことを表し,文脈によって,現在完了/過去のいずれかの解釈になる]

(13) You *ought to have gotten* a driver's license before driving a car.
(車を運転する前に免許(証)を取っておかなければならない)[② R 用法:未来のある時点までに完了すべきことを表現(未来完了に相当)するもので非ノニ用法(強い意味を表そうとすれば must を用いるであろう)]

(14) The fair *ought to have started* by tomorrow—let's go and see.
(縁日は明日までには始まっているはずだ。見に行こうよ)[③ P 用法:未来のある時点までに完了していることを推量]

(15) The meeting *ought to have finished* by four o'clock.
(会合は4時までには終わっているはずだ)[④ P 用法:過去のある時点までに完了していることを推量]

13.1.5. 曖昧な文

以下は,R 用法とも P 用法とも解釈できる区別のつけにくい(=曖昧な)例である。

(16) A: It's a jolly good beer.
　　 B: Is it?
　　 A: Well it *ought to* be at that price.　　(Coates (1983))
　　（「それはとてもうまいビールだ」「そう？」「まあ，あの値段ならうまいはずだ［うまくなきゃ］」）［ought to が P 的意味と R 的意味を有するゆえの曖昧表現である。話し手は故意に曖昧さを利用しているとも考えられる］

(17) Looking at the way some people live, they *ought to* obtain eternal fire insurance soon.
　　（ある人々の生き方を見ていると，彼らは近いうちに eternal fire insurance が手に入るはずです［を受け取るべきです］）

(17) については若干の説明が必要であろう。この文は，地獄へ行って当然と思える生き方をしている人々がいることを述べたもの。受け取るのは「永遠の-火災保険金 {eternal [fire insurance]}」ではなく，「(地獄の) 業火-(を受ける) 保証 {[eternal fire] insurance}」のほうである。Looking at は懸垂分詞 (dangling participle) として用いられている。懸垂分詞とは，意味上の主語が主節の主語と異なるにもかかわらず，その主語が顕在化していない分詞のこと。慣用的な judging from (...から判断すると) に類似しているので許容されるのであろう。

13.2.　P 用法

13.2.1.　論理的推量

　周りの状況や得られる証拠から判断して，ある事柄が事実であろうと考える，話し手の論理的推量を表す。should は，通常，強勢を受けないのに対し，ought to は一般に強勢を受け，上昇調もしくは下降上昇調である。話者はいく分かの疑念を抱いているので，must よりも確信度が劣る。

(18) If he started out at nine, he *ought to* be here by now.
（彼が9時に出発したのなら，もうここに来ているはずだ）［後半部 = it is highly likely that he *is* here now.］

cf. He *ought to* be here any minute.
（今すぐにもここに来るはずだ［(He probably *will be* here.)；同じ ought to be であるのに，両者の指示時が異なっている。(18) は ought to have arrived の意味である］

(19) That *ought to* be enough food for the four of us.　　(OALD)
（それだけあれば，われわれ4人分の食糧として十分のはずだ）［cf. four of us（われわれのうちの4人［部分の of：5人以上を含意]）/ the four of us（われわれ4人［構成の of]）]

(20) a. There *should be* another upturn in sales shortly.
（じきに売り上げはまた好転するはずだ）

b. ?There *should be* another disasters shortly.
（間もなくまた災害があるはずだ）［ought to [should] は，R 用法の「義務」の意味から，命題が望ましいものであるという暗示を受ける傾向がある。災害は望ましくないので，本例は奇異な感じがするのであろう］　　(Quirk et al. (1985: §4.56))

(21) It *ought to* be a fine day tomorrow.
（明日はきっと晴れるでしょう）（[It will most probably be a fine day ...]

(22) He *ought to have been* home an hour ago.
（彼は1時間前には帰宅していたはずだ）［過去の出来事がある時点までに完了していることを推量；⟨ought to have ～en⟩ のさまざまな用法・意味については13.1.4節を参照]

13.2.2.　否定文

話し手の論理的推量を表すので，推量を表す部分，すなわち助動詞自体 (ought to) を否定することはない。否定されるのは命題のほうである。R 用法 (23b) の否定も命題否定である。

第13章 OUGHT TO 179

(23) a. He *oughtn't to* be long.
(長くかかるはずはありません)[It is most probable that he *won't* be long.]

b. You *oughtn't to* keep us waiting.
(私たちを長く待たせるべきではありません)[It is highly desirable for you *not* to …]

(以上,Quirk et al. (1985))

13.2.3. must との違い

(24) a. Sarah *ought to* [*should*] be home now, but she isn't.
(サラはいま家にいるはずだが,実際にはいない)[P 用法:話者は,Sarah-be-home が事実かどうかについて知らないが,知っている限りの知識に基づいて,事実であろう,と自信のない推定 (tentative inference) をしている]

b. *Sarah *must* [*has to*] be home now, but she isn't.
[P 用法;must は,Sarah-be-home を事実だとみなす話し手の強い確信を含意するので,文の後半部と整合しないので非文]

(以上,Quirk et al. (1985: §4.56))

(25) a. He *ought to* come, but he won't.
(彼は来るべきだ,が来ないだろう)[R 用法]

b. *He *must* come, but he won't.
[R 用法;must は課された義務が必ず果たされるという話者の強い信念を含意するので,意味上の矛盾を来たす]

NB コーパスの示すところによると,R 用法/P 用法の使用頻度の比率 (R:P) は,must (1:1), should (4:1), ought to (8:1) である。また,R/P 用法いずれとも区別のつけがたいものが当該助動詞使用例全体に占める割合は,must (1%), should (9%), ought to (11%) とのことである (Coates (1983))。

第 14 章

BE GOING TO

　この疑似法助動詞の中核的意味は,未来の出来事や状態が発話時点の直後に起こり,かつそれが発話時点につながっている,ということであろう。[1]「議会への女王の演説や国家的行事に対する解説や天気予報には現れない」(Palmer (1979)) と言われるとおり,公式の場面には不似合いな口語表現である。米語の話し言葉では be gonna [gɔ́nə, gənə] となることが多い。R 用法と P 用法がある。

14.1. R 用法

14.1.1. 主語の意図

　意図(するつもり)を表す be going to は,予測を表す P 用法と同様,その「つもり」に至らせる根拠・原因となる事柄が前もって文脈の中で表されることが多い。2, 3 人称主語の意図は will ではなく,be going to で表す。

(1)　She has bought some wool; she *is going to* knit a jumper.
　　　　　　　　　　　　　　　　　(Thomson and Martinet (1988))

---

[1] 過去の出来事が現在と関連することを表す現在完了と,未来の出来事が現在と関連することを表す現在時制の be going to は,鏡像をなす。

(彼女は毛糸を買ってきた。セーターを編むつもりだな)[第1文が次の発話に含まれる「つもり」の原因]

(2) "Why are you taking down all the pictures?" "I *am going to* repaper the room." (ibid.)
(「絵を全部はずしているのはどうして？」「部屋の壁紙を張り替えるつもりなの」)[同上]

(3) When a woman says, "Do you love me?" it means, "I'*m going to* ask for something expensive."
(女が「私を愛してる？」というとき，それは「高価なものをおねだりするつもりよ」の意味である)

(4) I'*m going to* try hard, as if this is going to be my last chance. (J)
(これが最後のチャンスのつもりで，真剣に取り組みます)[2番目の is going to は R／P の境界型]

(5) *Are* you *going to* allow her to have her way in everything? (K)
(何から何まですべて彼女のいいなりにさせておくつもりかい)[疑問文]

(6) I'*m not going to* let her beat me. (J)
(彼女に負けるつもりはない)[否定文]

(7) *Aren't* you *going to* sit down? (Palmer (1979))
(座らないのですか)[否定疑問文：立ったままでいることが愚かしいとか，理屈に合わないといった状況で]

14.1.2. 曖昧さ／ほかの語との共起／時制など

be going to を用いた文が「意図」を表すのか，あるいは「未来」または「予測」を表すのか，その境界線上の英語に出会うことが少なくない。以下の (8a, b) は「意図」の意味の微妙な違いを，(9) は境界がファジーなものを，(10)-(12) はほぼ純粋に「(近い) 未来」を表していると考えられる。

(8) a. I*'m going to* leave tomorrow.
   (明日出発するつもりだ)［意図を成し遂げる期待が込められている］

   b. I *intend to* leave tomorrow. (以上, Leech (1971))
   (明日出発するつもりだ)［単に意図があることを述べるだけ］

(9) Gossip has it that they*'re going to* break up. (K)
 (うわさによると, 二人は別れるつもりらしい／二人は別れそうだといううわさだ)［R 用法：意図／P 用法：予測・未来；曖昧］

(10) Our next child *is going to* be called Jo.
 (次の子供はジョーと呼ばれることになっている)［受身形が後置されると予定の意；能動文は意図を表す：We *are going to* call our next child Jo. (次の子供はジョーと呼ぶつもりだ)］

(11) There*'s going to* be another test next week.
 (来週また試験があります)［次例と共に P 用法に解せる］

(12) If it goes on raining, we*'re going to* have a flood. (K)
 (この雨がやまないと洪水になる)［直説法を用いた未来の意味を表す if 節の後には, 帰結節の中で普通は will を用いるが, 本例のように未来が極度に現実的 (extra-real) であると想定される場合, be going to が用いられる (Palmer (1979: §7.3.3))］

(13) You *were going to* play tennis yesterday afternoon.
 (君は昨日の午後テニスをするはずだったね)

   a. I did play. (実際にしました)
   b. I couldn't play after all. (結局できませんでした)
   ［(13) の過去時制は予定・計画が実現したかどうかについて中立であることを示す］

(14) I *was going to* play tennis with you tomorrow, but I won't be able to now. (以上, Close (1975))
 (明日あなたとテニスをするつもり［予定］でしたが, 今のところできそうにありません)［第 1 文は, 未来の出来事が過去時に意図・予定されていたことを表す：斜字体部は過去時において意図・予定

があったという意味だけを表す。過去進行形は一般に中断されることを含意する。後半の won't も現在の推測を表すだけである]

(12) の例は，この be going to に，「抜き差しならぬ事態になる」という意味があることを暗示する。関連して，「いやな経験をすることになる，ひどいことになる」という意味のイディオムに〈be in for sth〉というのがある。OALD がこのイディオムに与えている定義は次のように be going to が用いられている：'(*informal*) to be going to experience sth soon, especially sth unpleasant'(《略式》ある事柄，特に不快な事柄をすぐにも経験することになる)。例文をパラフレーズと共に挙げる：You *are in for* a shock. (あなたは必ずずやショックを受けるでしょう＝You're going to experience [have] a shock.) / We *are in for* trouble. (必ず面倒なことになる [トラブルを免れない] ＝We're going to experience [have] trouble.)]

14.1.3. 話者の意志 (主に you が主語)

上で述べた「抜き差しならぬこと」につながると思えるのが，2, 3人称 (主に2人称) 主語に伴う話者の側の「意志」を表す be going to (＝shall) の用法である。有無を言わせぬ響きを持たせるためには，going の前後をはっきり発音する (小沢・金子 (1967: 18))。

(15) You *are going to* hand me all your money.
(あり金を全部出すのだ) [命令を表す]　　　(小沢・金子 (1967))

(16) You *are* not *going to* sleep in my house.
(君が私の家に泊ることはならぬ) [否定形:「... することは許さない」という強い意味]

(17) One of you *is going to* answer me!
(誰か一人返事しなさい)　　　　　　　　　(以上，原沢 (1957))

(18) Dr. Nichols, ... You really want to be his friend? You*'re gonna* help us bring him in unharmed. (Fug.)
(ニコル先生，本当に彼の友人でいたいと思いますか。われわれが

彼を無傷のまま逮捕できるよう協力してください）［刑事の言葉］
(19) The kid*'s gonna* die when we don't need him any more.

("Ransom")

（ガキを殺すのは用がなくなった時だ）［映画「身代金」で誘拐犯の言葉］

(20) He came in and shouted that it was his baby and I *wasn't going to* take her away.　　　　　(Coates (1983))

（彼は入ってきて，これは自分の赤ん坊だからお前には連れて行かせない，と叫んだ）［直接話法にすれば，"It's my baby and you're not going [I refuse to allow you] to take her away."］

14.1.4.　非実現を暗示する過去形

(21) I *was going to* write the letter last night.
（昨夜手紙を書くつもりだったのですが）［I did not. を含意］
(22) You *were going to* send me a copy.
（私に一部送ってくださるはずでしたが）［You haven't sent me a copy yet. を暗示する表現］
(23) He *was going to* come and help us tomorrow.

(以上, Declerck (1991))

（彼は明日手伝いに来るはずだったのですが）［But he probably won't. (どうも来てくれそうにない) を含意］

14.1.5.　will と be going to は交換が可能か

① 交換が可能な場合

　同一の表現が異なった二つの意味を表すことは可能である。反対に，異なった二つの表現が，そのニュアンスを含めて，全く同じ意味を表すということはない。そういうわけで，標記の疑問に対して，近似的な意味を伝えるという意味では，交換は可能であるといえる。そのまれなケースを挙げてみる。

(24) I *won't* [*am not going to*] tell my age.

(Thomson and Martinet (1988))

(自分の年を言うつもりはないわ) [won't と be not going to は互換的に用いることができる]

(25) a. If Tom passes the examination, his father *will* [*is going to*] buy him a bicycle. (Hornby (1956))

(トムが試験に合格したら父親は自転車を買ってやるだろう [つもりだ]) [be going to にはどうしても意図の意味が付きまとう；cf. If ..., S will ...]

b. He *won't* resign. (彼は辞任しないだろう／どうしても辞任しようとしない) [後者の意味での言い換えは不可]

(26) a. What *is going to* happen now?

(今度は何が起きるのかな) [= What *will* happen now?]

b. *Are you* going *to* be gone long?

((帰りは) 遅くなるの) [= *Will* you be gone long?；近い未来を表す場合には疑問文も交換が可能]

(以上, Leech (1971: §95))

② 交換が不可能の場合

(27) I have to go home next month because my sister *is going to* [*will*] get married.

(来月帰省しなければなりません，妹が結婚するんです) [結婚は事前の取り決めがあるので，即断即決を表す will は容認されない]

(28) a. "I've left my watch upstairs." "I'*ll* go and get it for you." (Thomson and Martinet (1988))

(「時計を2階においてきてしまった」「僕が行って取ってきてあげましょう」) [その場で決断]

b. "Who will post this letter for me?" "I *will*." (ibid.)

(「この手紙誰が投函してくれるかな」「私がします」) [同上]

c. "There's somebody at the door." "I'*ll* go and open it."

(「戸口に誰かいますよ」「僕が行って開けます」）[同上]

(29) a. If you accept that job, you*'ll* never regret it [*you*'re* never *going to* regret it].

(その仕事を承諾しても後悔することは決してないでしょう）

b. We*'re going to* find ourselves in difficulty if we carry on like this.

(こんなことを続行すれば困った羽目になりそうだ）

(以上，Leech (1971))

(29a) は〈If 現在時制，S will ...〉の形式で，与えられた前提（= if 節）から当然導きだされる帰結であると話者が判断する定型表現である。(29a) の星印 (*) のほうは，承諾するかしないか当てにならない未来の可能性を条件とし（← if 節は開放条件），それに基づいて有無を言わせぬ事態（= 後悔すること）を予想することには無理があるので，非文になるものと思われる（現在のことを条件として用いている (29b) と比較）。

14.2. P 用法

14.2.1. 話者の予測

「予想」は将来を推測する意で広く使い，「予測」は具体的なデータなどに基づく意で使うことが多い(明鏡)。英語の be going to は，まさにここで定義された「予測」の意味で用いられる。近い将来に生じる出来事の原因を，話し手が現在（= 発話時に）察知していることが明示的に表現されることもあるが，明示されずにそれとなく暗示される場合もある。

(30) Look at those clouds. It*'s going to* rain.

(あの雲を見てごらん。雨になりそうだ）[第 1 文が be going to を用いる原因となっている]

(31) How pale that girl is. I'm sure *she is going to* faint.

(あの娘の顔色の悪いこと。きっと意識を失うわ) [同上：この用法の場合, be sure [afraid] / believe / think のような表現と共起することがある]
(以上, Thomson and Martinet (1988))

(32) Look! He*'s going to* score a goal!
(ほら，あいつゴールを決めるぞ) [Look! と呼びかけた中に, 'I can see him moving up to the goal-mouth' (選手がゴールマウスに迫っている) 事態を見てとっている。この場合の is going to score は is about to score / is on the point of scoring とほとんど同義である (Leech (1971))]

(33) She*'s going to* have another baby.
(彼女にまた赤ちゃんが生まれるのよ) [発話者は 'She is pregnant' であることを知っている。Leech (1971: §93) は, 上の文と対比させた 'She *will* have another baby.' という発話は, 占い師が使う言葉の響きがあるとコメントしている]

(34) And when the south wind blows, you say, 'It*'s going to* be hot,' and it is.　　　　　　　　　　　　　　(Luke 12:55)
(また, 南風が吹くと, 暑くなるだろう, とあなた方は言う。果たしてそのとおりになる) [上記 (30) と類似]

(35) I think the Social Democrats *are going to* have some problems ahead of them.　　　　　　　　　　　(Sinclair (1990))
(社会民主党は前途になにか問題をかかえそうだ) [明示されていない何らかの原因が発話者には分かっているはず]

(36) From now on, if you*'re going to* be that late, I want you to call home.　　　　　　　　　　　　　(Matreyek (1983))
(これからは, もしもこんなに遅くなりそうだったら, 家に電話してほしいよ) [if 節の中で：that は程度の副詞]

(37) "How bad's that ear?" "It's terrible. I*'m gonna* have permanent hearing damage."　　　　　　　　　　　(Fug.)
(「耳の具合はどうだ」「ひどいもんです。一生聞こえないことになりそうです」)

14.2.2. be going to と will との意味上の比較

Declerck (1991: §3.2.4) は,未来(=本書では予測)を表す be going to は,事態が将来生じる条件がすでに整っているということを前提とする読みであり,will のほうは,出来事が実現するのは将来生じる条件に依存しているという読みであると指摘して,以下のような例文 (38), (39) を挙げている。

(38) a. The lift *is going to* break down.
(エレベーターは故障しそうだ)[変な音がする,あるいは揺れるなど]

　b. The lift *will* break down.
(エレベーターは故障するだろう)[時間が経過すれば機械としての宿命なので,また評判のよくないメーカーのものなので,など]

(39) a. He *is going to* get better.
(彼はもう回復するよ)[体温が下がったなどの兆候がみえるので]

　b. He *will* get better.
(彼は回復するだろう)[医者の治療をうけており,人間の自然治癒力からみた結果として]

(40) "There aren't any tissues in the house."
(家にティッシュがないよ)[以下の (a), (b) は応答]

　a. "I'*m going to* get some today."
(きょう買おうと思っています)[意図:会話のやり取りの前にティッシュがないことに気づいていて買うつもりでいたことを含意する;この点に関し,Chalker (1987: §5.16) が,What *are* you *going to* do? [roughly (おおよその意味は) = What *have* you already *decided* to do?] と,現在完了を用いてパラフレーズしているのは示唆に富んでいる]

　b. "I'*ll get* some today."

(きょう買いに行きます)[相手の発言を聞いて，その場で決断したことを表す]　　　(以上，Thomson and Martinet (1988))

(41) a. *Are* you *going to* the party?
   (パーティに行く予定ですか)[質問]
   b. *Will* you go to the party?
   (パーティに行きませんか)[勧誘]

(42) a. The glue *is going to* be dry in half an hour.
   (接着剤は30分後には乾いてしまうよ)[出来事の不可避的な含意があり，不要なものがくっつく恐れがあるので，すぐに何か手を打つよう警告するような場面での表現]
   b. The glue *will* be dry in half an hour.
   (接着剤は30分後には乾くだろう)[何もせずに待っておれば，を含意；聞き手に辛抱して待つように忠告したいような場合の表現]　　　(以上，Declerck (1991))

これまで検討してきたさまざまな例文から，次の英文は文脈によって下に示すいろいろな意味に解釈できる (小沢・金子 (1967))。

(43) He *is going to* be here tomorrow morning.
   a. 彼は明日の朝来るつもりでいる。[意図]
   b. 彼は明日の朝来るだろう。[予測・未来]
   c. 彼は明日の朝来るはずだ。[見込み]
   d. あの男，明日の朝来させてやる。[話者の意志；抜き差しならない事柄]
   e. あの男，明日の朝来なければ承知しないぞ。[同上]
   f. あいつは明日の朝来るように手はずしてある。[事前の取り決め]

14.2.3. 相表現などとの共起

述語動詞句を構成する相表現の〈be 〜ing〉，〈have 〜en〉が be going to と結合する例を，最後に見ておきたい。

(44) They are going to *be losing* many businesses.
(彼らは多くの仕事を失うことになるだろう）［進行相は行為を状態化するので，be going to は「～することになる」という予測の意味になる］

(45) a. He is going to *have completed* the work by next May.
(彼は来年の5月までには仕事を終えてしまっているだろう／終えてしまうつもりだ)

b. I've been going to *have finished* the job by the time they arrive.
(彼らが到着するまでに仕事を仕上げるつもりでした）［二重完了形：斜字体部が to finish であっても finish するに至らなかったことを暗示する］　　　　　　　　　　(Leech (1971: §96))

cf. Call on me at lunchtime on Monday—I'*ll* be going to speak to the boss about it that afternoon.
(月曜日の昼食時に訪ねてきなさい。そのことはその日の午後社長に話そうと思っている）［二重未来表現］(ibidem)

Leech (1971: §96) は，最後のような複合構造は極めてまれであると注記している。(44) のように be going to の後ろにくる〈be ～ing〉形は，R 用法に解釈されないための言語的装置と考えられる（shall の項で注記したが，このことは助動詞一般に通じる）。〈be going to〉の否定文については，独立の節を設けて扱うことはしなかったが，否定文ではすべての人称で用いることができる。

第 15 章

HAVE TO

must とよく似た意味をもつので，must に欠けている未来時・過去時を表す補完表現として用いられる (will have to / had to)。否定文・疑問文では，通常，do の支えが必要である (BrE では do の支えなしに用いることもある)。3 人称単数主語で現在時制のときには has to となり，すべての人称・時制で用いられる。R 用法と P 用法がある。

15.1. R 用法

15.1.1. 義務・必要

must が，主として，話し手が自らの権限をもって文の主語に課す義務・必要を表すのに対し，have to は，話者以外の要因，つまり周囲の状況など，中立的・客観的な要因，すなわち，人間の思惑とは無関係な外的事情によって生じる義務・必要 (external necessity) を表す用法として広く用いられる。

(1) In prison you don't need to be afraid of losing your job and there are many people in charge of your safety. At work you are ever afraid of being sacked and you *have to* look to your own safety.

(刑務所では，失職する心配はなく安全係も大勢いる。職場では，首になることをいつも心配し，身の安全は自分で図らなければならない）[職場内の事情による必要；you は総称人称]

(2) In the army, you *have to* wear your hair short.

(Declerck (1991))

（軍隊では頭髪を短くしていなければならない）[軍規による義務]

(3) Perhaps I know best why it is man alone who laughs; he alone suffers so deeply that he *had to* invent laughter.

(Friedrich Nietzsche)

（笑うのがなぜ人間だけなのかを，たぶん私が一番よく知っていると思う。人間だけが非常に深く苦しむので，笑いを発明しなければならなかったのだ）[周囲の事情による必要]

(4) "Do I *have to* fill it out right now?" "No. No need to do it now. But, you *ought to* fill it out and mail it soon.

(Matreyek (1983))

（「保証書はすぐに記入しなければなりませんか」「いま記入する必要はありませんが，早めに記入して投函するといいですよ」）[客と店員のやり取り；4.1.2 節 (11) と比較]

(5) How beautifully she sang ... well, you *had to* be there.
（彼女の歌いぶりの見事だったこと，君もその場にいたならよかった）[過去時を表すため：cf. You should have been there.]

15.1.2. have to を本動詞 (main verb) とみなせる根拠

have to が，否定文・疑問文で do の支えを必要としたり，ほかの助動詞と共起したり，準動詞（不定詞・現在分詞など）として用いられたりする点を考えれば，本動詞と見なしてもなんら差し支えない。

(6) It is a nuisance *having to* look after him all the time.
（明けても暮れても彼の面倒をみなければならないのは骨だ）[動名

詞：形式主語 it は動名詞を受ける］

(7) From next year onward all teachers *will have to have passed* this exam.
（来年以降，全教員にこの試験の合格が義務づけられるだろう）［助動詞と共起：（未来に）＋（完了していること）＋（の義務）］

(8) I*'m having to* watch how much I spend this month. （G 大）
（今月はどれだけ金を使うか気をつけていなければならない）［現在分詞：一時的な必要］

(9) As the recession deepens consumers *are having to* dip into their savings.　　　　　　　　　　　　　　　　　　　　（K）
（不況が長びくにつれて，消費者は貯えに手をつけざるを得なくなってきている）［同上］

(10) It would have been embarrassing *to have had to* tell him later.
（あとで彼に伝えなければならなかったとしたら気まり悪かっただろう）［完了形不定詞：Jespersen (1956: §24.5$_{1-3}$) が想像の完了不定詞 (imaginative perfect infinitive) と呼んでいるもの］

15.1.3. have got to との違い

have go to ['ve got to] は have to と異なり，否定文・疑問文に do の助けを必要としないが，人称・数などとの照応は必要である (hasn't [haven't, hadn't] got to)。ほかの法助動詞と共起しない点で法助動詞と統語的な特徴を共有する (*will have got to, *will can swim)。英米ともに have to には過去形があるが，AmE では have got to の過去用法はない。have to のほうは客観的で，習慣的な意味でも使うことができるが，have got to は主観的な意味が強く，ただ一度の行為についてしか用いられない点で，must と似ている。実際，多くの場合，have got to は have to よりも口語的で，must で置き換えることができる。また，有生主語と結びつく傾向があるといわれる。なお，have to のほうがやや改まった言い方だといわ

れるのは，have got to のもつ主観性と関係があるのかもしれない。P 用法の使用頻度は少ない。

(11) a. I *have to* get up at 7:00 a.m. tomorrow.
   (明日午前 7 時に起きなければならない)［非習慣的］
   b. I'*ve got to* get up at 7:00 a.m. tomorrow.
   (明日午前 7 時に起きなければならない)［非習慣的］
   c. I *have to* get up at 7:00 a.m. every day.
   (毎日午前 7 時に起きなければならない)［習慣的］
   d. *I'*ve got to* get up at 7:00 a.m. every day.
   ［一度の行為を表す have got to と every day (習慣的意味) との間に意味の衝突がある］

(12) I *have to* [*have got to*, *must*] take these pills every day.
   (Declerck (1991))
   (この錠剤を毎日飲まなければならない)［習慣的］

(13) I *don't* usually *have to* [*haven't* usually *got to*] do this kind of work.
   (この種の仕事は通常はしなくてもよい)［習慣的意味 (usually) と非習慣的用法 (have got to) との衝突により非文法］

(14) a. This *has got to* be put right.
   (これは是正しなければなりません)［R 用法］
   b. Money *has got to* be the reason.   (Sinclair (1990))
   (お金がその理由に違いない)［P 用法］

(15) a. We *had to* make a special trip to Epsom.
   (エプソムまで特別の旅行をしなければならなかった)［過去時制：事柄が実現したという含意がある］
   b. We'*d got to* make a special trip to Epsom.
   (エプソムまで特別の旅行をしなければならなかった)［過去時制 (BrE)：It was necessary for us to ... の意味で，事柄が実現したという含意はない；(c) と比較］   (Palmer (1979))

c. I told him he'*d got to* hurry up.　　　　　(Leech (1971))

　　　（急がなければならないと彼に言ってやった）[had got to は BrE では間接話法に限られる]

(16)　Someone *has got to* be pulling the strings. (Declerck (1991))

　　（誰かが紐を引っぱっているに違いない）[P 用法で用いられるのは be が続く場合だけで，米用法である。BrE では，have (got) to を論理的必然（P 用法）として用いるのはインフォーマルな言い方だといわれる]

15.1.4. 疑問文・否定文

　疑似法助動詞の中で have to だけは，疑問文・否定文にするときに do の助けを必要とする。must の否定は命題否定になるが，have to の否定は助動詞否定になる。

(17)　"Do we *have to* finish this today?" "Yes, you *must*."

　　　　　　　　　　　　　　　　　　　　　　　　　　　(OALD)

　　（「これは今日中に仕上げなければいけませんか」「そうです」）[否定の場合は：No, you needn't [don't].]

(18)　Do you *have to* make that noise when you eat?　　　(R)

　　（食事中にそんな音をたてなきゃならないの）[非難・不快の含意]

(19)　a.　You *don't have to* [*haven't go to, don't need to, needn't*] pay that fine.

　　　　　（その罰金を払う必要はありません）[外部否定：It is *not* necessary [for you to pay that fine.]]

　　b.　You *mustn't* keep us all waiting.

　　　　　（私たちみんなを待たせてはいけません）[内部否定：I oblige you [*not* to keep us …] / It is obligatory [for you *not* to keep …]；否定辞 not の位置を (19a) と比較せよ]

(20)　If you are an old man, you don't care where your spouse goes, just so you *don't have to* go along.

(年をとると連れ合いがどこへ行こうとかまわない，いっしょに行く必要さえなければ)［疲れるのはご免。just so《接続詞的に》もし...ならば，...でありさえすれば)］

15.1.5. there 構文

法助動詞が there 構文で用いられると，通常，P 用法（推量）の読みになるが，have to の場合は，there 構文と共起すると R 用法の読みが優勢である。

(21) *There will have to* be a complete evacuation of the area.
(K)
（その地域の完全避難が行われなければならないだろう）

(22) Why does *there have to be* a whole bunch of words for one definition. (facebook.com)
（一つの定義になぜたくさんの言葉が必要なのか）［以上，R 用法］

(23) *There have to be* other forms of intelligent life on other planets in the universe. (wordreference.com)
（宇宙には，地球以外の惑星に別の形態の知的生物がいるに違いない）［P 用法］

(24) *There has to be* a revolution.
 a. 革命が必要だ。［R 用法］
 b. 革命があるに違いない。［P 用法］

15.2. P 用法

15.2.1. 推　論

(25) This side of the tree has a lot of moss growing on it, so this direction *has to* be north. (Matreyek (1983))
（樹木のこちら側にはコケがたくさん生えているから，こちらが北の方角に違いない）［論理的推論（＝must)］

cf. There *has to* be a first time for everything. (R 大)
(ものにはすべて初めということがあるものだ)[強い論理的必然を表す]

(26) "That looks about right." "It *has to* be." (Sinclair (1990))
(「それで大体いいようです」「いいに違いありません」)

(27) Someone *has to be telling* lies.
(誰かが嘘をついているに違いない)[非難の口調；must を用いた文は無色]

(28) One of them *had to* be their leader. (Declerck (1991))
(彼らのうちの一人がリーダーに違いなかった)[must の表す法性は現在なので，過去になされた推論を表すには had to を用いる]

(29) He *had to have arrived* yesterday.
(彼はきのう到着したはずだった)[P 用法；確信を込めた当然の意]

cf. You*'ve got to* be joking.
(ご冗談でしょう)[P 用法；BrE では You must be joking. のほうが使用頻度は高い (Palmer (1979))]

第 16 章

HAD BETTER

　had better は，形態は過去であるが，「～したほうがよい」という現在の意味を持ち，したがって対応する現在形はない（同様の意味を持つやや古い表現の had rather も，現在形はない）。打ちとけた口語では，発音するとき had はほとんど聞こえない。better 1 語で代用することもしばしばある。had better は，古い英語では 'were better'（= it would be better）の形であったのが，後に，were の代わりに had が用いられるようになったものである。OED はこの had を 'would have' と解している。すなわち，We *had better* go. = We *would have* it *better* to go. と考えられる（井上）。文脈に応じて，must/should/would be wise [sensible, advisable, etc.] to などと置き換え［書き換え］ることができる。

　OALD は，現在の状況でなすべき最善の行動について用いる，という。警告から忠告・勧奨・提案までを含む幅広い意味がある。ときには脅迫の意味にもなるので，I think, perhaps 等を先行させて表現を和らげる。いま挙げた意味は had better が談話指向的であることを示す（これに対し，1 人称主語で多く用いられる would rather は主語指向的といえる）。すべての人称で用いられ，R 用法と解される。

16.1. 忠告・警告・脅しなど

(1) We *had better* destroy the list so that no one else would see it.
（そのリストはほかの誰にも見られないように破棄したほうがいい）
［目的節で will ではなく would が用いられているのは，過去形の had に引きずられたものであろう（→ (4a)）］

(2) You*'d better* get moving if you don't want to miss the special on TV.
（テレビの特別番組を見逃したくないなら，そろそろ腰を上げたほうがいいよ）

(3) a. You *had better* watch the way you talk to me in the future!
（私への口のきき方には今後注意したほうがよい）［警告］
b. "I promise I'll pay you back." "You *better had*."
(Swan (1980))
（「必ず返済します」「そうすべきです」）［強調のための倒置］

(4) a. You *better* leave a note so they'll know you'll be late.
（君が遅れることを皆に知ってもらうためにメモを残しておいたほうがよい）［忠告：It would be advisable for you to leave ...］
b. The President *better* not sign this bill. It would be a disaster. (Imai et al. (1995))
（大統領はこの法案に署名しないことだ。(そんなことをしたら)大失態となるかも）［had を省略］

(5) a. You*'d better* leave now *or* you'll miss the bus. (OALD)
（もう出かけなさい。さもないとバスに遅れますよ）［命令；後ろに or が用いられている］
b. "The children *had better* go to bed early," said Tom.
（「子供たちは早く寝なさい」とトムが言った）［軽い命令］
c. Tom *said* that the children *had better* go to bed early.

(Thomson and Martinet (1988))

(同上) [時制の一致によって変化することはない；Tom advised [warned] the children to go to bed early. という間接話法にすることもできる]

16.2. 受動態

(6) His mother *had better be sent* for immediately.

(MEG V, 12.4$_1$)

(彼の母親をすぐに呼びにやったほうがいい) [能動態＝ We had better send for his mother immediately.]

(7) The matter *had better be left* as it is. (K)

(その件はそのままにしておいたほうがよい) [無生主語]

16.3. 否定文・疑問文

否定辞 not は better の直後に置かれ，本動詞を否定の焦点とする。また，疑問文は否定疑問文で用いるのがふつうである。

(8) "We'*d better not* go on any farther." "I'd rather not stop yet." (Close (1975))

(「もうこれ以上は続けないほうがいい」「私はまだやめたくないですね」)

(9) You *had better not* miss the last bus.

(Thomson and Martinet (1988))

(最終バスに乗り遅れないようにしなさい) [I advise you not to miss it.]

(10) a. *Had* we *better not* go?

(行かないほうがよいのではなかろうか) [＝Would it be advisable for us not to go?]

b. *Hadn't* we *better* go?

　　　（行ったほうがよいのではなかろうか）［= I think we had better go, don't you agree?］

(以上，柏野・内木場 (1991); R 大)

(11) ?You *hadn't better* begin.　　　　　　(MEG V, 12.4₁)

　　　（始めないほうがいいよ）［= You had better *not* begin.］

(11) のパラフレーズは Jespersen が付したものである。G 大は (11) の否定文を不可としている。Close (1981) も同じく，had better と would rather を並列に置いた例文のコメントとして，原形不定詞は否定できるが，これらの法表現は否定できないと述べている。Jespersen はほかに同様の否定文を 2 例あげていて，上掲 '?' 付きの言い方は，*Hadn't* you *better* wait?（待ったほうがよいのではないの？）という通常の疑問文に誘発され，not が had に牽引されたもの (attraction) と解釈している。

16.4. there 構文・相表現との共起

(12) *There had better be* a break between the two lectures.

(G 大)

（講演と講演との間に一休みあったほうがよい）［there 構文と共起］

(13) a. *Hadn't* we *better be going* now?　　　　　(GL)

　　　（そろそろ出かけたほうがよくはない？）

　　b. You*'d better be working* harder than this when boss comes back.　　　　　(Leech (1971))

　　　（上司が戻ってきたときには，今よりも身を入れて働いている姿を見てもらうんだな）［未来時］

(14) a. You *had better have stayed* with us.

(Jespersen (1956: §24.5₂))

（拙宅に泊ったほうがよかった（のに））［非実現を表す完了形不

定詞]

b. They *had better have kept* their mouths shut. (GL)
(彼らは黙っていたほうがよかったのに)

cf. You *would have done* [*It would have been*] *better* not to have picked these apples so early.

(Declerck (1991))

(そんなに早いうちにリンゴを摘み取らないほうがよかったのに)

(14) については，G 大は，通例ノニ用法には用いられず，「... すべきだったがどうだろう」と，結果をまだ知らない文脈でのみ用いる，としている。いっぽう GL は，(13b) のとおりノニ用法の訳を充てている。Jespersen は (14) の例に対し，完了形不定詞は had better の後にしばしば用いられるとコメントしているが，Declerck は別の言い方をするとして，cf. の例文を挙げている。

(15) You*'d better have changed* your mind when I call tomorrow. (Leech (1971))
(明日電話するとき(まで)には考え直しておいたほうがいい)[未来の一時点までに完了していることを表す]

『英和活用大辞典』は，上の Jespersen (1956) に類似した例文を挙げた箇所で，had better に完了形不定詞を用いることを嫌う人もいると注記している。Declerck (1991) の例文がその代替表現となろう。〈had better have 〜en〉の言い方は避けたほうがよいようである。

第 17 章

USED TO

　used to には，過去の習慣を表す would と異なる点がいくつかある。used to は，①過去の常習化した行為，または中断することのなかった状態を表す（would は動作動詞とのみ結びつき，習慣的行為しか表さない）。②（過去においてそうだったかもしれないが）現在はその行為・状態がなくなっていることを含意する（現在との対照を特に強調したいときには used に強勢が置かれる）。③非人称構文で用いることができる。④ would と異なり現在形はない。

17.1.　一般的特徴

(1) a.　He *used to* smoke heavily.
　　　［動作動詞と結合：It was customary for him to smoke ... と書き換えることができる］
　　b.　He *used to* be a heavy smoker.　　　（以上，Allsop (1987)）
　　　（彼は以前ヘビースモーカーだった）［状態動詞と結合］
(2) a.　Bill *used to* smoke a pipe. In fact, he still does.
　　　（彼は以前パイプ煙草を吸っていた。実はいまもそうだ）［最初の文だけであれば，現在は吸うのをやめているという含意をもつが，第 2 文でその含意は否定される］
　　b.　Bill *used to* smoke a pipe. Perhaps, he still does.

(以上，Declerck (1991))

（彼は以前パイプ煙草を吸っていた。ひょっとすると今もそうだろう）[同上]

(3) People don't work as hard as they *used to*. (Sinclair (1990))
（人々は以前ほどよく働かない）[動詞句（本例の場合は work）削除のあと残留するのは助動詞の特徴]

(4) He is not what he *used to* be.
（彼は以前の彼ではない）[現在との対照が明瞭]

(5) "I know the place well because I *used to* [*would*] live here," he explained.
（「以前当地に住んでいたので，その場所はよく知っています」と彼は説明した）[live は状態動詞；'I no longer live here.' を含意。間接話法は，He explained that he knew the place well because he *used to* live there. (Thomson and Martinet (1988))]

(6) I *used to* [*would*] drink beer, now I drink wine.
（昔はビール党だったが今ではワインだ）[現在との対照が明らかなので would は不適]

(7) I *used to be able to* knock off several short stories a month. (K)
（昔は月に数編の短編小説を手早く書きあげたものだ）[ほかの疑似法助動詞と共起]

17.2. 副詞類との共起など

Leech (1971: §85) によれば，used to は本来的に「不定の過去 (= at one time, once)」の意味が内在しているので，具体的な期間や特定の時を表す副詞語句とは共起しない。同書から例を挙げる。

(8) I *used to* go for a swim every day [*last week].
（毎日［*先週］泳ぎに行ったものでした）

(9) He *used to* live here in 1998 [when he was a boy].
(彼は1998年に［子供の頃］当地に住んでいた）［= He *once* lived here ... （数字は変えてある（筆者））］

(10) a. He *used to* live here [*for ten years].
(彼は以前［*10年間］当地に住んでいた）［期間を表す副詞類とは共起しない。ただし，次の例のように，連続した出来事が一つの習慣を構成している場合，その一つの出来事の期間を特定するためのものであれば許容される］

b. He *used to* stay here for three days.
（ここには3日間滞在するのが常でした）［3日間滞在することが何度も繰り返されて一つの習慣を形成していた］

would と used to が同じ文脈で連続して用いられる場合，used to のほうが先に用いられるといわれる。物事の始まりを描写するには，行為・状態の両方をカバーし，常態を述べるほうが適しているからであろう。物語の地の文では変化をもたせるため，両方を用いることがある（Allsop (1987: 158f.)）。しかし，すべては意味が決めることである。

(11) They *used to* have great arguments about some things, and they'd (=*would*) both go away holding to their own views. (Coates (1983))
(2人はいくつかの事柄でよく声高に口論し，双方とも自分の意見に固執したまま別れるのであった）

(12) a. He (often) *used to* come home drunk, and *would* beat his wife.
（彼は以前いつも酔っ払って帰宅し，その時には妻を殴ることがあった）［sometimes, often, always などの副詞は used の前後どちらにも用いられ，意味に違いはない］

b. He *would* often come home drunk, and *used to* beat his wife.

(彼はしばしば酔っぱらって帰宅することがあり，その時は決まって妻を殴った）［妻にとってどちらのほうが耐えやすかったのだろうか］

17.3. 疑問文・否定文

すべての人称で用いられるが，否定の表現形式は下の例のように複雑である。現在では did を用いた形が一般に使われるので，やむを得ず使わなければならない時には，did を用いた形（以下の (13a) あるいは (13f)）を用い，あとは理解するにとどめておくだけでよい。used to が疑問文・否定文で用いられることはまれである。

(13) a. He *didn't use to* get up early.
   （彼は以前は早起きではなかった）［発音は [ˈjuːstu]］
   b. He *usedn't to* get up early. ［古風；発音は [ˈjuːsnt]］
   c. He *usen't to* get up early. ［英口語；発音は [ˈjuːsnt]］
   d. He *used not to* get up early. ［発音は [juːs(t)ˈnɒt]］
   e. (*?) He *didn't used to* get up early.
   ［田桐は非文としているが，Sinclair (1990) はこの否定形式のみを正用法としている］
   f. *Did* he *use to* get up early?
   （彼はむかし早起きでしたか）
   g. *Used* he *to* get up early?
   （同上） (以上，田桐・その他)
   h. He *used to* smoke, *didn't* he? (Close (1975))
   （彼は以前タバコを吸っていたんでしょう？）［付加疑問は did で受けるのが普通］

(14) *Did* you *used to* have this sort of thing in your young days?
   （あなたの若い頃にはこういったものはありましたか）

(15) *Didn't* she *used to* smoke?
（彼女は以前タバコを吸っていなかったの）［縮約形を用いない *Did* she *not used to* smoke? は改まった言い方］

(16) What *did* we *used to* call it?
（昔はそれを何と呼んでいたっけ）

(17) They *didn't used to* mind what we did.

(以上, Sinclair (1990))

（彼らは私たちのすることをいつも気にすることはなかった）

以上4例は Sinclair (1990) が一貫して示している疑問／否定形式である。Declerck (1991) はこの形式を 'very informal (and practically substandard) English'（極めてくだけた（事実上標準以下の）英語）と評している。また, 上記 (13b, c, g) を廃れた用法 (obsolete) だという。Close (1975) は (13b, d, g, h) の形式と *Usedn't* he *to*…? の例を挙げていて, くだけた口語表現では *did*(*n't*) *use*(*d*) *to* が用いられる, と指摘している。

(18) He *didn't use to* like custard, did he?　　(Declerck (1991))
（彼は昔カスタードが好きではなかったんでしょう？）［Declerck は, 否定文・疑問文で用いられる通常の形式は did (not) use to だという］

(19) Where I was before, we *never used to* have posters on the walls.　　(Sinclair (1990))
（私が以前いた所では壁に紙を貼ることはなかった）

本国人もこの用法に自信がないらしく, 上例 (13a-e), (17), (18) を誤りだと思う人は, never を用いるのだと Sinclair (1990) はいう。Declerck (1991) も never を用いる言い方を勧めている。

(20) *There used to be* a church here, *didn't* there [*usedn't* there, *usen't* there]?　　(K 大)
（ここに昔教会があったのでしょう？）［辞書の役割上, さまざまな

形を示しておく必要がある]

　Sinclair (1990) は，すべての疑問文・否定文で did(n't) を用い，used to をあたかも本動詞のごとく扱っている。まさに田桐が非文とした形式を正用法としている。Sinclair (1990) はまた，縮約形 (usedn't to / usen't to) は極めて古風とみなされ，めったに用いられることはないと説明している。この見解は Declerck (1991) と同じである。米語では Sinclair (1990) の唱える Did you used to …? という書き方をする人もいるが，Did you use to …? と書くほうが好ましいと Celce-Murcia and Larsen-Freeman (1983: 116) はいう。

17.4.　相表現との共起および他の統語上の事柄

　used to は 〈have 〜en〉 とは共起できないが 〈be 〜ing〉 とは共起できる。

(21) She *used to be sitting* on the doorstep when I passed by.
（私が通りかかると彼女はいつも戸口に座っていたものだ）
(22) There *used to* be a rich herring fishery in these waters. (K)
（昔はこのあたりにはニシンがたくさんとれる漁場があった）[there 構文で；waters「海域，水域」]
(23) It *used to* be thought that the sun travelled round the earth.
(Hornby (1956))
（昔は太陽が地球を周回していると思われていた）[非人称主語]
(24) Ann *used to* be loved by Tom.
（アンは以前トムから愛されていた）[受動態（← Tom *used to* love Ann.)]
(25) The stages did *used to* stop for supper.　(MEG IV, 1.9(3))
（夕食のために舞台は確かに中断したものだ）[did は強調の助動詞]
(26) I *used to* like westerns, and so *did* [*used] she.

(Declerck (1991))

(僕は西部物が好きでしたが,彼女もそうでした)[倒置文において助動詞の多くは代用形 (pro-form) の機能があるのに used to にはない]

(27) "Do you play tennis every day?" "No, but I *used to* [*would]." (Celce-Murcia and Larsen-Freeman (1983))
(「テニスは毎日するのですか」「いいえ,でも以前はしていました」)[過去の習慣を表す would は単独では用いない;Celce-Murcia and Larsen-Freeman は不可の理由を示していない]

(25), (26) の場合,また 17.3 節で扱った疑問文・否定文の場合は,used to は本動詞 (main verb) [=実動詞 (full verb)] とみなしたほうが分かりやすい。

第 18 章

BE ABLE TO

　法助動詞の can/could は多義なので,「可能」を表す場合にはその代替表現として be able to を用いることがある。現在・過去・未来のいずれの時間領域をも表すことができることに加え, ほかの助動詞や相表現と共起するという便利さがある。一般的に言って, can が状態的であり話し言葉で多く用いられるのに対し, be able to は動的・事実的であり, やや改まった書き言葉で多く用いられる傾向がある。「可能」を表す R 用法しかないので, 解釈に迷うことはない。able はラテン語由来の語 (< *habilis*, suitable, handy (手ごろな) < *habere*, to have, hold (つかむ)) で, 精神的・身体的な力や技術・資格などを有している (having enough mental or physical power or skill, etc.) という意味である。主語のそのような特質以外に, 状況による可能を表す場合にも用いることができる。

18.1. 過去・現在・未来の「可能」

　〈be able to〉はすべての人称で用いることができ, 主語の行為をすべての時間領域に位置付けることができる。話者の関心が未来の出来事の可能性に向けられているときには, 副詞類によって特定の未来時が明らかにされている場合 ((5), (7)) はもちろん, 単に暗示的に示されている場合 ((6), (8)) でも, will [shall] be able to を用

いる。過去の「可能」については，その意味・用法において，couldとは微妙な違いがある。まず過去時から，そののち現在・未来時の可能を表す用例を挙げる。

(1) a. He *was able to* subdue his feelings.
    （感情を抑えることができた）［事実的 (factual)（= He succeeded in subduing ...)］
   b. He *was unable to* subdue his feelings.
    （感情を抑えることができなかった）［事実的］
   c. He *could* subdue his feelings.
    （①［直説法の読み］= 感情を抑える能力（素質）があった：過去の一度の行為が可能であったという意味には解釈できない（→ 5.1.1.1）／②［仮定法の読み］= 彼なら感情を抑えることができるだろう：非事実的 (nonfactual)］

(2) a. The boat *was not able to* keep its head against the wind.
    （船は舳先を風上に向けておくことができなかった）［事実を述べている］
   b. The boat *could not* keep its head against the wind.
    （同上）［可能性の否定は実現性を否定する。上の意味のほかに，仮定法の意味（風上に向けておくことはできないだろう）にも解せる］

(3) In this way we *are able to* carry out research and not simply to undertake consulting. (Palmer (1979))
    （われわれはこのやり方で研究を実行できるのであり，単に相談を引き受けられるだけではないのだ）［= can and does: can（= can and will do）よりも同時実現性の意味が強い］

(4) This fellow said, "I *am able to* destroy the temple of God and rebuild it in three days." (Matthew 26:61)
    （この者は「私は神の神殿を壊してそれを3日で建て直すことがで

きる」と言いました)［I can ... と訳出した聖書は極めて少ない］

(5) He w*ill be able to* run a mile in four minutes next year.
   a. 彼は来年1マイルを4分で走れるだろう。
      ［生来の能力の増進により：主語指向的］
   b. 彼は来年1マイルを4分で走れるだろう。
      ［走路が整備されるなどによって：将来の状況的可能；cf. He *can* run a mile in four minutes next year.［(b) の読みが優勢]］

(6) These nations are more than I, how *shall* I *be able to* destroy them? (Deuteronomy 7:17, *DRB*)
   (これらの国民は私よりも多い。どうして彼らを滅ぼすことができましょうか)［同箇所を，How can I ...? と訳した聖書が多い。can は未来を含意するといえる (→ 1.4.1)］

(7) You *won't be able to* reach me at the office today.
   (君は今日事務所にいる僕に連絡することはできないだろう)［未来時は today によって明示されている］

(8) You*'ll be able to* stay living in the same place you're living now. (Palmer (1979))
   (君は今住んでいるのと同じ場所にそのまま住むことができるだろう)［関係詞節内の現在進行形との対比により，話者の関心は未来にあることが分かる］

18.2. ⟨be able to⟩ の非定形・共起関係など

　主語の人称・数，また時制などとは関わらない非定形で用いられたり ((9)-(11), (17))，他の(疑似)法助動詞と共起したりすることがある ((12), (13))。主語指向的なので，受動態には用いられない。また，be able to の後に ⟨be 〜ing⟩，⟨have 〜en⟩ がくることはない。

(9) I think you should be a child for as long as you can. I

have been successful for 74 years *being able to* do that. Don't rush into adulthood; it isn't all that much fun.

(Bob Newhart)

(人間はできる限り長い間子供でいるべきだと思う。私は74年間うまく子供でいることができた。急いで大人になってはいけない。大人であることはそれほど楽しいことではない)[being は現在分詞で，分詞構文とも疑似補語とも解せる（この用法に関しては中野 (2012: §1.4) に詳解がある）]

(10) He has the gift of *being able to* remember names.
(彼には人の名前を覚える才能がある)[being は動名詞]

(11) I*'m* not *going to be able to* teach next week. Could you possibly fill the breach for me? (K)
(来週は教壇に立てない。代わって穴を埋めてもらえないだろうか)
[= I won't be able to ...; 原形不定詞 (be going to と共起)]

(12) a. You *have to be able to* speak English to apply for the job.
(その仕事に応募するためには英語が話せなくてはなりません)

b. A machine *ought to be able to* do this. (Sinclair (1990))
(機械を使えばこれはできるはずだ)

c. You *used to be able to* go to the doctor for that.
(以前はそのようなことでも医者のところへ行けたものだ)[以上，疑似法助動詞と共起]

(13) A good book *must be able to* hold the reader's interest. (K)
(よい本（というもの）は読者の興味を引き留めることができなければならない (R 用法) [できるはずだ (P 用法)])

(14) We *would* never *have been able to* marry without your help.
(あなたの手助けがなかったなら私たちは絶対に結婚できなかったろうと思う)

(15) John *was able to* come, but he didn't come after all.

(荒木ほか (1977))

(ジョンは来ることもできたが,結局は来なかった) [必ずしも行為の実現を意味するものではなく,単に状況的に可能であったことを表す (例えばチャンスがあった,など)]

(16) We are *able* [aren't *able*, are *unable*] not to go.

(Palmer (1979))

(行かないでいることができる [はできない]) [not に強勢; cf. 2.1.4 (24)-(26)]

(17) The students *are going to have to be able to* play three different instruments. (Quirk et al. (1985))

(学生たちは3種類の楽器を演奏できるようにならなければならないだろう)

疑似法助動詞が非定形 (non-finite verb form) [=主語の人称・数・時制・法に関して限定されない動詞の形態] を有するので,(17) のように連続して用いることができる。

18.3. 命令文で

(18) *Be able to* go shopping for a bathing suit and not become depressed afterward. (Marilyn vos Savant)

(水着を探しに買い物に行ったあと,意気消沈しないでいられるようになりなさい) [理由:自分の太った体形に合うものがないので]

言うまでもないが,法助動詞は命令形で用いることはできない:
*Can go shopping.

☐ **Just for Fun 2 の答え** (p. 21 を参照)
(1) (ロ) d.   (2) (ホ) e.   (3) (ニ) a.   (4) (ハ) b.   (5) (イ) c.

引用・参考文献

A. 辞　書

Cambridge Dictionaries Online, Cambridge University Press, 2012.(CDO)
Longman Dictionary of Contemporary English Online, Longman, 2012. (LDCE)
Longman Dictionary of the English Language, Longman, 1985. (LDEL)
Longman Dictionary of Phrasal Verbs, Longman, 1983. (LDPV)
Oxford Advanced Learner's Dictionary, Oxford University Press, 2005. (OALD)
Oxford Dictionary of English, Oxford University Press, 2003. (ODE)
The American Heritage Dictionary of the English Language Online, Houghton Mifflin Company, 2012. (AHD)
The Concise Oxford Dictionary of Current English, Oxford University Press, 1956. (COD)
The New Oxford American Dictionary (2nd ed.), Oxford University Press, 2005. (NOAD)
Webster's New World Dictionary of the American Language (col. ed.), The World Publishing Company, 1962. (WNWD)
市河三喜（編）(1953)『研究社英語学辞典』研究社，東京．
市川繁治郎（編）(1995)『新編英和活用大辞典』研究社，東京．(K)
井上義昌（編）(1967)『詳解英文法辞典』開拓社，東京．(井上)
石橋幸太郎（編）(1981)『現代英語学辞典』成美堂，東京．(石橋)
大塚高信・吉川美夫・河村重治郎（編）(1964)『カレッジクラウン英和辞典』三省堂，東京．(CR)
大塚高信・中島文雄（編）(1983)『新英語学辞典』研究社，東京．
大塚高信・高瀬省三（編）(1989)『英語諺辞典』三省堂，東京．
北原保雄（編）(2002)『明鏡国語辞典』大修館書店，東京．(明鏡)
小稲義男（編）(1984)『研究社新英和大辞典』研究社，東京．(K 大)
小西友七（編）(1980)『英語基本動詞辞典』研究社，東京．(小西)
小西友七・南出康世（編）(2001)『ジーニアス英和大辞典』大修館書店，東京．(G 大)
齋藤秀三郎 (1936)『熟語本位英和中辞典（増補新版)』岩波書店，東京．

（齋藤）

佐々木達・木原研三・福村虎治郎（編）(1983)『グローバル英和辞典』三省堂，東京．(GL)

小学館ランダムハウス英和大辞典編集委員会（編）(初版，1979；第2版，1994)『ランダムハウス英和大辞典』小学館，東京．(R 大)

田桐大澄（編）(1970)『英語正用法辞典』研究社，東京．(田桐)

福原麟太郎（編）(1961)『英語教育事典』研究社，東京．

松田徳一郎・東信行他（編）(1999)『リーダーズ英和辞典　第2版』研究社，東京．(R)

安井　稔（編）(1987)『例解・現代英文法事典』大修館書店，東京．(安井[1])

安井　稔（編）(1996)『コンサイス英文法辞典』三省堂，東京．(安井[2])

渡邉敏郎・E. Skrzypczak・P. Snowden（編）(2003)『新和英大辞典』研究社，東京．(J)

B. 著　書

Allsop, Jake (1987) *Cassell's Students' English Grammar*, Cassell Publishers, Eastbourne.

荒木一雄・小野経男・中野弘三（1977）『助動詞』（現代の英文法　第9巻）研究社，東京．

浅川照夫・鎌田精三郎（1986）『助動詞』（新英文法選書 4），大修館書店，東京．

Blake, N. F. (1988) *Traditional English Grammar and Beyond*, Macmillan, London.

Bolitho, Rod and Tomlinson, Brian (1988) *Discover English*, Heinemann International Publishing, Oxford.

Case, Doug and Peter Snow (1980) *Take A Break: The English You Need for Travel*, The British Broadcasting Corporation, London.

Celce-Murcia, Marianne and Diane Larsen-Freeman (1983) *The Grammar Book: An ESL/EFL Teacher's Course*, Newbury House Publishers, Rowley, MA.

Chalker, Sylvia (1984) *Current English Grammar*, Macmillan, London.

Close, R. A. (1975) *A Reference Grammar for Students of English*, Longman, London.

Close, R. A. (1981) *English as a Foreign Language*, George Allen & Unwin, London.

Declerck, Renaat (1991) *A Comprehensive Descriptive Grammar of English*, Kaitakusha, Tokyo.

江川泰一郎 (1968)『文の転換』(英語の語法・表現編 11), 研究社, 東京.

江川泰一郎 (1991)『英文法解説 (改訂三版)』金子書房, 東京.

福原麟太郎 (1959)『英語の感覚』(英語科ハンドブックス 第5巻), 研究社, 東京.

原沢正喜 (1957)『現代口語文法』研究社, 東京.

原沢正喜 (1980)『現代英語の用法大成』大修館書店, 東京.

Hirst, Graeme (1987) *Semantic Interpretation and the Resolution of Ambiguity (Studies in Natural Language Processing)*, Cambridge University Press, Cambridge.

Hornby, A. S. (1956) *A Guide to Patterns and Usage in English*, Kenkyusha, Tokyo.

細江逸記 (1926)『英文法汎論』泰文堂, 東京.

Huddleston, Rodney (1988) *English Grammar: an Outline*, Cambridge University Press, Cambridge.

Hughes, Glyn S. (1983) *A Handbook of Classroom English*, Oxford University Press, Oxford.

Hurford, James R. and Brendan Heasley (1983) *Semantics: A Coursebook*, Cambridge University Press, Cambridge.

市河三喜 (1958)『古代中世英語初歩』研究社, 東京.

飯島 周 (訳) (1985)『英語の法助動詞』桐原書店, 東京. [原著: Palmer, F. R. (1979) *Modality and the English Modals*, Longman, London.]

池田義一郎 (1967)『否定・疑問・強意・感情の表現』研究社, 東京.

Imai, Kunihiko, Heizo Nakajima, Shigeo Tonoike and Christopher D. Tancredi (1995) *Essentials of Modern English Grammar*, Kenkyusha, Tokyo.

石橋幸太郎 (1955)『高等簡約英文法』成美堂, 東京.

伊藤健三 (1968)『心態の表現』研究社, 東京.

Jespersen, Otto (1909-49) *A Modern English Grammar on Historical Principles*, 7 vols., George Allen & Unwin, London. (MEG)

Jespersen, Otto (1951) *The Philosophy of Grammar*, George Allen & Unwin, London.

Jespersen, Otto (1956) *Essentials of English Grammar*, George Allen & Unwin, London.

柏野健次・内木場努 (1991)『コーパス英文法』開拓社, 東京.

國廣哲彌(編)(1984)『意味と語彙』(日英比較講座 第3巻), 大修館書店, 東京.

Kurdyla, Francis J. (1986) *Dictionary of Proven Business Letters*, Asahi Press, Tokyo.

Leech, Geoffrey N. (1971) *Meaning and the English Verb*, Longman, Harlow.

Lewis, Michael (1986) *The English Verb*, Language Teaching Publications, Hove.

Marquez, E. J. and J. D. Bowen (1983) *English Usage*, Newbury House Publishers, New York.

Matreyek, Walter (1983) *Communicating in English*, vols. 1-3, Pergamon Press, New York.

中島文雄(1955)『文法の原理』研究社, 東京.
中島文雄(1980)『英語の構造』(上・下), 岩波書店, 東京.
中野清治(2012)『学校英文法プラス』開拓社, 東京.
西尾 孝(編著)(1984)『実戦英文法活用事典』日本英語教育協会, 東京.
野村忠央(2007)「英語教育における仮定法教育の問題点」『立命館言語文化研究』18巻4号, 立命館大学国際言語文化研究所.
大江三郎(1983)『動詞 II』(講座・学校英文法の基礎 第5巻), 研究社, 東京.
太田 朗(1983)『否定の意味』大修館書店, 東京.
小沢準作・金子稔(1967)『時のあらわし方・様態の表現』研究社, 東京.

Perkins, M. R. (1983) *Modal Expressions in English*, Francis Pinter, London.

Quirk, Randolf, Sidney Greenbaum, Geoffrey Leech and Jan Svartvik (1985) *A Comprehensive Grammar of the English Language*, Longman, London.

斎藤武生・原口庄輔・鈴木英一(編)(1995)『英文法への誘い』開拓社, 東京.
澤田治美(訳)(1992)『英語助動詞の意味論』研究社, 東京. [原著: Coates, Jennifer (1983) *The Semantics of the Modal Auxiliaries*, Croom Helm.]

Sinclair, John (1990) *Collin's COBUILD English Grammar*, William Collins & Co., London.

Stuart, Jeb and David Twohy (1995) *The Fugitive* (screenplay), Screenplay Publishing Co., Nagoya. (Fug.)

Swan, Michael (1980) *Practical English Usage*, Oxford University Press, Oxford.

Thomson, A. J. and A. V. Martinet (1988) *A Practical English Grammar*, Oxford University Press, Oxford.

八木克正 (1987)『新しい語法研究』山口書店，京都.

山崎　貞 (1957)『新々英文解釈研究』研究社，東京.

安井稔・中右実・西山佑司・中村捷・山梨正明 (1983)『意味論』大修館書店，東京.

吉川美夫 (1957)『新英文解釈法』文建書房，東京.

Yule, George (1985) *The Study of Language*, Cambridge University Press, Cambridge.

索　引

1. 見出し語は ABC 順に分け，それぞれの項で日本語・英語の順に並べた。日本語は五十音順に，英語は ABC 順に並べた。
2. 数字はページ数字を示す。ただし，ドット付き数字は節番号を示す。
3. f. = 次のページ，ff. = 次のページ以降，fn. = 脚注，を意味する。

[A]

アスペクト　4, 136
actuality　70
agent　9fn., 13
ambiguous　8
American Subjunctive　111fn.
aspect　4, 34fn.
aspect auxiliary　2
assertive　12

[B]

描出話法　14, 68, 72, 80, 92, 117, 123
分義　24, 30
文脈　10, 32f., 41, 50, 63, 79, 81, 106, 117, 119, 120, 134, 147, 172, 176, 189, 198, 201
ぼかし語句　43
be able to　210ff.
be going to　180ff.
be going to have ～en　190
be in for　183
before 節　75

[C]

can　24ff.
can not　31, 33, 35
can't seem to　26
cognitive meaning　13
could　68ff.
could do with　79
could have ～en　5.2.1.2
could use　74, 79

[D]

第一助動詞　2, 169
第二助動詞　2, 169
代用形　209
断言的（may）　12
談話指向的　40, 198
伝達節　118
同格節　124

動作主　9fn.
動作動詞　46, 65, 102f., 117, 128, 203
動詞句（VP）　3
動詞句削除　204
同時進行　38, 50
動態　9
独立節　68, 71, 83, 85f., 93, 118f., 123, 156
dangling participle　177
dare　165ff.
defective verb　14
democratic imperative　31fn.
deontic use　4fn.
discourse oriented　40
double modals　86
dynamic situation　9

[E]

遠隔形　82, 122, 146
emotional *should*　106
epistemic use　5
exclusive *we*　31
external negation　12

[F]

ファジー　133, 138, 181
付加疑問　57, 67, 79, 89, 135, 149, 161, 167, 174, 206
不定詞構文　35
factual possibility　48
for fear　100

full verb　209
fuzzy　8, 165

[G]

蓋然性　5, 17, 40, 82, 87, 102, 104, 176
外部否定　12, 19, 38, 99
疑似法助動詞　（6個の）4, 128, 160, 171ff., 180, 195, 204, 213f.
擬人化　129
義務的用法　4fn.
言外の意味　1.6
原形仮定法　100, 107, 110f., 111fn., 119
原形不定詞　143, 169, 171, 201
言語的装置　190
現在完了読み　8
現在進行形　116, 134, 212
現実的可能性　48
語否定　50
語用論(的)　11, 14, 31, 33, 183
gradient　17

[H]

発話時(点)　7f., 38, 50, 65, 66, 80f., 85, 94, 104, 114, 136, 139, 142f., 159, 176, 186
反事実　105
非事実(性［的］)　6f., 68, 105, 211
非実現　113, 122, 184, 201
非断定的　34
否定疑問(文)　67, 98, 162, 181, 200

非定形　212, 214
否定辞　33, 73, 99, 112, 157f., 195, 200
否定文　1.4.5
被伝達節[部]　15, 89, 118, 151
非難のネクサス　47
非難文　47
非人称構文　117, 203
非人称的用法　5
比例比較級　137f.
閉鎖条件　66, 120
法　2
包括の we　31
法助動詞　2, (11個の)4
法性　3, 10, 33, 66, 70, 197
法否定　20, 30, 47f., 63, 82, 99, 157, 163f.
法副詞　18ff.
本動詞　2ff., 165ff., 192, 200, 208f.
had better　198ff.
had better have 〜en　16.4
have to　191ff.
hearer-oriented　148
hedge　43

[I]

1次用法　5
意味付け　4, 9
idiolect　117, 160
if 節　58, 66, 89, 96, 101f., 114, 129f., 138, 182, 186f.
imaginative perfect infinitive　113, 193

imperative　3
in case　100
inclusive *we*　31
indicative　3
indirect speech act　28fn.
internal negation　12

[J]

時間領域　38, 50, 103, 142f., 210
事実性　68
時制　3f., 53, 118, 169, 181, 191, 212, 214
時制助動詞　2
時制の一致　8, 14f., 61, 68, 74f., 82, 85, 87, 93, 99, 105, 114, 119, 124f., 127, 156, 158, 175, 199, 204
実現性　26, 70
実動詞　209
受動態　1.4.6, 26, 27, 200
受動変形　13, 131
準否定辞　73, 156
常時可能　70
状態的素性　61
状態動詞　9, 44, 46, 64, 65fn., 103, 117, 128, 133, 203f.
除外の we　31
叙実法　3
叙想法　3, 3fn., 92
叙法　2, 101
juncture　33

[K]

開放条件　102, 113, 186
確信度　16ff., 63, 114, 141, 144, 160, 177
過去仮定法　10fn., 76, 80, 95f., 100, 121, 123ff.
過去完了仮定法　10fn., 66, 76, 82f., 94ff., 105, 121, 125, 127
過去形法助動詞　14
過去現在動詞　14fn.
過去読み　8
仮定法　3,（名称）3fn., 76f., 85, 88, 92, 113f., 119, 122, 124f., 127, 151
間接発話行為　28fn.
間接話法　15, 74, 89, 99, 151, 166, 195, 199
完了形不定詞　34, 37, 126, 176, 201f.
完了相　4
完了読み　8
祈願文　115
聞き手指向　148
休止　33
強勢　31, 33, 38, 46, 47f., 58, 103, 115f., 129, 177, 203, 214
繰り上げ変形　27fn., 74
欠如動詞　14
牽引　201
懸垂分詞　177
構成素否定　82
根源的用法　4

[L]

logical impossibility　63
logical necessity　62

[M]

未来完了　141f.
未来時　7, 26, 50, 62, 64, 92, 130, 191, 210, 211f.
未来指向的　78
未来性　6
未来標識　114, 136
無意志動詞　26, 34, 65fn., 136, 139
無障害　28fn.
無生主語　25, 27, 37, 102, 129f., 200
命題　5, 5fn.
命題指向的　5
命題成立　16f.
命題否定　19f., 30, 47f., 62, 99, 142, 153, 157, 178, 195
命令文　7, 19f., 31fn., 137ff., 169, 171, 214
命令法　3, 46
main verb　4, 192
may　40ff.
may as well　52f.
may or may not　49
may well　51f.
might　85ff.
might as well　90f.
might could [would, etc.]　85
modal adverb　18

modal auxiliaries 2
modality 3, 70
modals 2, 8, 165fn.
mood (叙法) 2
must 54ff.
must have ～en 4.2.4

[N]

内部否定 12, 38, 99
2次用法 5
認識動詞 71
認識様態的法助動詞 19, 19fn.
認識様態的用法 5
人称的用法 5
ノニ用法 7, 98f., 106, 123, 126, 159, 176, 202
need 156ff.
needn't have ～en 11.1.3
negative raising 157
nexus of deprecation 47
nil obstat 28fn.
nonassertive 34
nonfactual 6, 211
non-finite verb form 214

[O]

オウム返し疑問文 134
親心の 'we' 78fn.
occasional possibility 28
of (構成の)178, (部分の)178
ought to 172ff.
ought to have ～en 13.1.4

[P]

パラフレーズ 9fn., 12, 20, 27fn., 2.2.2, 28, 35ff., 47, 52, 62fn., 76f., 81, 97fn., 99, 105, 130, 145, 183, 201
P用法 (定義)5
paternal 'we' 78fn.
perfective aspect 4
periphrastic auxiliary 2
periphrastic modals 4fn.
post-present actualisation 57, 140
presumptive certainty 62
preterite-present verb 14fn.
Primary uses 5
probability 17
probability scales 17fn.
pro-form 207
progressive aspect 4
proposition 5, (定義)5fn.

[Q]

quasi-modals 4

[R]

理論的可能性 48
連鎖関係詞節 157
連接 33
R用法 (定義)5
reference time 8
remote form 82, 122, 146
represented speech 68

root use 4
RT 50, 65f., 74, 81, 103, 107

[S]

作用域 49, 58
指示時 8, 50, 92, 103, 140, 178
修辞疑問 108
主観的判断（may） 11
縮約形 13, 123, 207f.
主語指向(的) 5, 13, 26, 54, 127, 130f., 165f., 198, 212
使用域 53
焦点 （質問の）10,（否定の）12, 99
使用頻度 33, 179, 197
省略表現 6
進行形 2, 9, 26, 34, 51, 136
進行形不定詞 139, 175, 183
進行相 4
心的態度 3, 11, 19, 86, 141
潜在条件 114, 124f., 127
相 34fn.
総称名詞 28
相助動詞 2
想像の完了形不定詞 113, 193
相表現 4, 7fn., 34, 38, 50, 59, 98, 125, 153, 175, 189, 201, 208, 210
Secondary uses 5
sentence of deprecation 47
shall 146ff.
should 97ff.
should have ～en 7.2.2
so that ... may [might, etc.] 3.2.4.3

speech time 8
ST 50, 81, 107
stress 33
subject-oriented 131
subjunctive 3, 3fn.

[T]

態助動詞 2
単純過去(形) 69, 71, 117
知覚動詞 26, 68, 71
知的意味 13, 131
直説法 3, 10, 15, 17, 66, 68f., 74, 77, 79f., 86f., 93, 99ff., 108, 110, 113f., 119f., 123, 141, 182, 211
倒置(法) 101, 158, 171, 209
tag 57
tense 3
tense auxiliary 2
tentative inference 179
than 節 75, 162
that 構文 35
that 節 45, 51, 106ff., 109f., 119, 122, 172
thematic meaning 13
theoretical possibility 48
there 構文 34, 49, 57, 124, 141, 196, 201, 208
Thought Mood 92

[U]

迂言的助動詞 2
迂言的法助動詞 4fn.

used to 203ff.

[V]

voice auxiliary 2
VP（動詞句） 3

[W]

Why [How] should …? 7.3.2
will 128ff.

will have 〜en 9.2.3.4
will want to 139f., 174
would 114ff.
would have 〜en 8.2.2

[Y]

有意志動詞 136
有生主語 25, 27, 37, 102, 128, 193
容認 12, 24f., 28, 30, 32, 43f., 88f., 93, 150, 185

中野　清治　（なかの　きよはる）

1936年，富山県生まれ。富山大学文理学部文学科卒，出版社勤務の後，公立学校教諭，富山商船高専助教授を経て国立高岡短期大学（現在，富山大学芸術文化学部）助教授，同教授，同名誉教授。

著書：『王様とタカ』(共著)，『ブレーメンの音楽隊』(共著)，『親ゆびトム』(共著)，『わらしべ長者』(共著)，『パイプスじいさん』(以上，学生社)，『英語ジョーク快読のススメ——ジョークがわかれば，言葉も文化もわかる——』，『学校英文法プラス——英語のより正確な理解に迫る——』(以上，開拓社)，『英語聖書の修辞法と慣用句』(英宝社) など。

英語の法助動詞　　　　　　　　　　　　　　　　　　　＜開拓社　言語・文化選書49＞

2014年10月20日　第1版第1刷発行

著作者　　中野清治
発行者　　武村哲司
印刷所　　日之出印刷株式会社

発行所　　株式会社　開拓社　　〒113-0023 東京都文京区向丘1-5-2
　　　　　　　　　　　　　　　電話　(03) 5842-8900（代表）
　　　　　　　　　　　　　　　振替　00160-8-39587
　　　　　　　　　　　　　　　http://www.kaitakusha.co.jp

© 2014 Kiyoharu Nakano　　　　　　　　　　ISBN978-4-7589-2549-5　C1382

JCOPY　＜(社)出版者著作権管理機構　委託出版物＞

本書の無断複写は著作権法上での例外を除き禁じられています。複写される場合は，そのつど事前に，(社)出版者著作権管理機構（電話 03-3513-6969, FAX 03-3513-6979, e-mail: info@jcopy.or.jp）の許諾を受けてください。